ONDERNEME

CW01430787

Deze gedachteflitsen zijn opgedragen aan
Caroline
en aan
Frits en John,
partners in het leven op verschillende manieren.

Paul Fentener van Vlissingen

Ondernemers zijn ezels

Uitgeverij Balans
2007

FSC Mixed Sources
Productgroep uit goed beheerde
bossen, gecontroleerde bronnen
en gerecycled materiaal.
www.fsc.org Cert no. CU-COC-803615
© 1996 Forest Stewardship Council

Uitgeverij Balans stelt alles in het werk om op milieuvriende-
lijke en duurzame wijze met natuurlijke bronnen om te gaan.
Bij de productie van dit boek is gebruikgemaakt van papier dat
het keurmerk van de Forest Stewardship Council (FSC) mag
dragen. Bij dit papier is het zeker dat de productie niet tot bos-
vernietiging heeft geleid.

Elfde druk, 2007

Omslagontwerp Nico Richter
Omslagfoto © J.L. de Zorzi/Corbis
Foto auteur © erven Paul Fentener van Vlissingen
Boekverzorging Adriaan de Jonge, Amsterdam
Druk Giethoorn, Meppel

ISBN 978 90 50188 47 0
NUR 780

www.uitgeverijbalans.nl

Inhoud

'Ik probeer te laten zien hoe bevoorrecht ik ben'

PAUL FENTENER VAN VLISSINGEN IN GESPREK
MET YOERI ALBRECHT

Paul Fentener van Vlissingen (65), industrieel in ruste, had oog voor verantwoord ondernemen, de natuur en spiritualiteit. Nu zijn einde nadert – een paar maanden geleden werd pancreaskanker geconstateerd – kijkt hij zonder spijt terug en zonder angst vooruit. 'Ik kan aan de dood niets bedreigends ontdekken.'

Het is een mooie lentedag. Buiten waaien de roze bloesemblaadjes van de bloeiende bomen over het grind van de oprit. Het koetshuis dient als privékantoor voor Paul Fentener van Vlissingen. Aan de andere kant van de vijver, achter grote kastanjes, schemert de toren van zijn ridderhofstede. Een met zorg gerestaureerd huis vol kunst en antiek.

Fentener van Vlissingen behoort tot een geslacht van kooplieden en industriëlen dat al generaties de spil van het Nederlandse bedrijfsleven vormt. Van 1984 tot 1998 leidde hij het familiebedrijf, de Steenkolen Handelsvereniging (SHV). Hij was opvolger van zijn oudere broer Frits, die kortgeleden onverwacht op 72-jarige leeftijd overleed. SHV is het grootste familiebedrijf van Nederland en een van de grootste, niet-beursgenoteerde bedrijven ter wereld. Tot vorig jaar was Paul nog als presidentcommissaris aan het bedrijf verbonden.

Fentener van Vlissingen bezit grote en wilde stukken

van het Schotse Hoogland en zet zich met zijn African Parks Conservation, mede op verzoek van Nelson Mandela, in voor het behoud en het beheer van grote delen van Afrika. 'Ik kwam Mandela tegen bij zijn eerste staatsbezoek aan Nederland. Ik vroeg hem wat hij kon doen voor de natuur in Zuid-Afrika. Maar in plaats van dat hij vijf minuten een beleefd praatje maakte, drukte hij mij met de neus op de feiten. We hebben wel een uur gepraat. Hij was het helemaal met mij eens: het is ethisch en economisch beter om de natuur te beschermen. Maar hij zei: "In de praktijk kan ik de mensen niet uitleggen dat wij geld in wilde beesten steken als er nog heel veel mensen geen onderwijs krijgen." Aan het eind van het gesprek vroeg hij of ik niet iets voor hen kon doen. Dat is blijven hangen. In Zuid-Afrika beheren we nu het natuurpark Marakele. En we praten met een aantal landen in Afrika over het management van nationale parken.'

Paul Fentener van Vlissingen is stervende. 'Goedkoop voor het pensioenfonds om er zo rond mijn vijfenzestigste tussenuit te knijpen,' zegt hij spottend. Hij heeft besloten dat hij de pancreaskanker die enkele maanden geleden geconstateerd is, niet zal laten behandelen.

Wat rest is voorbereiding op de dood en de pijnbestrijding. 'Ik heb gelukkig een goed team om mij heen, dat ervoor zorgt dat ik geen pijn hoef te lijden. Een pijnteam. Ik wist tot voor kort niet eens dat het bestond. Voor de dood ben ik niet bang, wel voor pijn en ongemak.'

Waarom heeft u ervoor gekozen om niet behandeld te worden?

'Dat was een makkelijke beslissing. Bij pancreaskanker zijn de vooruitzichten nul. Je kunt het wel een beetje rekken, maar dat gaat gepaard met zware behandelingen waar je ziek en moe van wordt. Wat je wint aan kwantiteit, verlies je aan kwaliteit, dus per saldo verlies je.

Ik heb een aantal jaren geleden een fonds opgezet voor kankerpatiënten. Mijn gedachte was: de patiënt heeft pijn en praktische problemen en die zal het worst zijn te weten dat er miljarden aan onderzoek besteed worden. Hij wil zijn auto voor de deur kwijt kunnen, omdat ver lopen pijn doet. Als je ziek en angstig bent, is dát van belang, heb ik gemerkt. Hij wil een steuntje onder de arm en een glimlach. Allemaal zaken die door de medici uit het oog verloren zijn. Veel ziekenhuizen denken dat de dokter het beter weet dan de patiënt. Fout, de dokter moet niet zeuren dat hij het beter weet. Dat is niet zo. De dokter kent een technisch deel van het proces, niet het emotionele deel van de zieke mens.'

Hij is verbaasd dat hij er nog is. De doktoren hadden hem minder tijd gegeven. 'Ik verwonder mij de laatste tijd over de onvoorspelbaarheid van het bestaan. Ik vraag me bijvoorbeeld af hoe Vincent van Gogh, die tijdens zijn leven vrijwel geen doek verkocht, gereageerd zou hebben als hij gehoord had dat er na zijn dood astronomische bedragen zouden worden neergelegd voor zijn schilderijen. Wat is goed? Wat heeft kwaliteit? Wat is slecht? Het antwoord wisselt met het moment waarop je de vraag stelt. Iemand die de loterij heeft gewonnen of iemand die te horen krijgt dat hij sterft. Het leven is vol plotselinge veranderingen. Hoe moet je daarmee omgaan? Met de loterij heb ik geen ervaring, maar met het stervensproces langzamerhand wel.'

Van Vlissingen constateert dat je als mens geen enkele invloed hebt op de drie meest bepalende factoren in je leven: de tijd waarop en de plaats waar je geboren bent en je familie. Als je in oorlogstijd, in een arm land en in een arme familie geboren bent, dan ben je kansarm.

Als je het zo bekijkt, heeft u bij uw geboorte de loterij gewonnen.

'Dat klopt. Ik ben bevoorrecht. Mensen die heel aardig en vriendelijk zijn, maar vaak ook wat onhandig, komen delen in mijn smart en verdriet over de eindigheid van het leven, hen probeer ik toch te laten zien hoe bevoorrecht ik ben. De laatste maanden hebben mij veel kansen gegeven om dingen te doen. Ruimte voor innerlijke bezinning en verdieping. Vooral omdat het' – hij aarzelt even en zoekt naar het juiste woord – 'fysieke proces van de ziekte zich op wonderlijke wijze stabiel voltrekt.'

Hij ademt zorgvuldig in en uit en kijkt naar buiten, het park in. Ademen is moeilijk. 'Wel word ik elke dag een beetje vermoeider en zit ik natuurlijk zwaar onder de medicijnen. Maar het ziekteproces heeft mij de ruimte gelaten om te werken, te denken, te praten en zelfs nog een beetje te reizen. Daar bof ik mee. En zo ben ik toch bevoorrecht ten opzichte van iemand die in één keer een dubbele hersenbloeding heeft.'

Bent u ook bevoorrecht ten opzichte van uw broer Frits?

Hij denkt lang na. 'Ja,' zegt hij dan langzaam. 'Voor de omgeving komt de klap veel harder aan als je plotseling sterft. Er is geen oefening, geen wennen, geen gesprek meer. Eigenlijk zou iedereen van boven de zestig met zijn naasten over de dood moeten spreken. Dat doe je niet, omdat iedereen dan gaat roepen: doe niet zo eng. Maar je móét er met je kinderen en je vrienden over spreken. Wat dat betreft heb ik een groot voordeel ten opzichte van Frits.

Ik spreek mijn twee dochters nu bijna dagelijks. En dan blijkt dat er een beeld naar voren komt van twee veertigjarige vrouwen waar ik heel trots op ben. Een prachtige balans tussen rauw verdriet en intensief gesprek. Ook in mijn omgeving was de dood geen onderwerp van gesprek en juist die gesprekken zijn voor mij heel troostend. Ik denk dat sterven een overgangssituatie is.'

Hoe bedoelt u dat?

'De dood is het enige fenomeen in het leven dat niemand overslaat. Dat geldt voor de tweeduizend jaar oude reuzenpijnboom, de zeventig jaar oude olifant en de tweedaagse vlinder. Daarom zou het veel normaler in ons leven moeten zijn. Dat is niet zo en dat is jammer. Het zou het sterven makkelijker maken. De rituelen die met de dood verbonden zijn, zijn verdwenen. Er is slechts een schamel stukje overgebleven: de kerkelijke uitvaartdienst. Allemaal even ongemakkelijk. Niemand weet meer wat hij aan moet trekken, wat er wel en niet gezegd moet worden. Er zijn geen rituelen van de stervenden of de gestorvenen meer.

In sommige samenlevingen zijn het echte feesten en zo zie ik het het liefst. Ik zie de dood niet als een vaststaand gegeven. Ik zie de geboorte en de dood als een stadium in een verder niet goed te verklaren ontwikkeling. Bij de geboorte heerst er grote vreugde. Waarom is iedereen aan het eind dan zo droef? Niet om de overledene, die is er zelf niet meer. Het is hun eigen droefheid, hun eigen angst voor de dood. Ik zou vast willen houden aan de vreugde van de geboorte. De gestorvene is nu op reis naar de sterren.'

U gaat op reis naar de sterren?

'Hoe je dat precies moet zien, weet ik niet. Maar als ik in Afrika 's nachts in de zwarte uitspanning boven mij de sterren zie, dan kan ik me voorstellen dat dat de kampvuren van mijn voorouders zijn. Dat zeggen de Afrikanen. Die hebben een warmte waar wij Nederlanders veel van zouden kunnen leren.'

De banden tussen Paul Fentener van Vlissingen en Afrika dateren van lang voor Nelson Mandela en de natuurparken. Ten tijde van de apartheid was SHV actief in Zuid-Afrika. In de jaren tachtig stak de militante beweging RaRa om die reden in Nederland Makro-winkels in brand. Ten onrechte, volgens de oud-industrieel.

'Weet u, niets is wat het lijkt. Wij hadden heel goede banden met zwart Zuid-Afrika. De huidige burgemeester van Johannesburg, Amos Masondo, werkte in de tijd van de apartheid bij de Makro in Zuid-Afrika. Op een ochtend werd hij door de politie van zijn werk gehaald en verdween. Wij hebben de autoriteiten onmiddellijk om opheldering gevraagd en laten merken dat we het er niet bij lieten zitten. We hebben zijn familie al die tijd doorbetaald. Hij heeft er onlangs nog zijn dank over uitgesproken.'

Hoe kijkt u nu terug op die aanslagen op de Makro?

'Het was achteraf eigenlijk wel een lollige tijd. Alles stond in brand, letterlijk en figuurlijk. Er waren een hoop kleine, minne mannetjes bij betrokken.'

Minne mannetjes?

'Vooral bij de overheid. Wij konden nog geen politiebusje ter bescherming voor onze winkels krijgen omdat er een tekort aan personeel zou zijn. Ondertussen was er voor iedere voetbalwedstrijd genoeg politiepersoneel. Dat onze werknemers gevaar konden lopen maakte op politie en politici geen enkele indruk. In die tijd heb ik mijn respect voor de Nederlandse overheid verloren.'

De daders zijn nooit gepakt.

'Het is nooit opgelost en niemand wilde het ook oplossen. Ik kreeg nota bene van de BVD te horen dat mijn eigen dochter de zaak had aangestoken. Ik had griep en lag in bed. Toen belde er een man van de BVD. Het was dringend, of hij langs kon komen. De auto van mijn dochter was gezien op een verdachte plaats. Ik zei: "U bent professioneel neem ik aan, dus u heeft foto's?" Hij had geen bewijzen, niets. Ik heb die man doorgezaagd en op een gegeven moment zegt hij: "Ik ben ook maar een zetbaasje." Ik heb er daarna nooit meer iets van gehoord. Ik ben ervan overtuigd dat het door Den Haag bedoeld was om mij onder druk te zetten.'

Waar was Den Haag dan bang voor?

'Den Haag had onwaarheden over ons verspreid: dat de brandweer onze winkels had afgekeurd. Pure leugens. Binnen 48 uur had ik van alle brandweercommandanten uit de Makro regio's een verklaring dat onze winkels volgens de voorschriften brandveilig waren. Twee dagen later staat die BVD-er bij mij naast mijn bed. Dat is geen toeval.'

Hij is net terug uit Zuid-Afrika, waar hij een paar dagen verbleef. 'De telefoon ging en het was Nelson Mandela. Hij belde omdat hij gehoord had dat voor mij het einde nadert. Hij zei: "Paul, dit is de tijd om te zeggen dat ik van je houd, dat ik je vriend ben." Warm en ontdaan van plechtigheid en dikdoenerij. Gewoon menselijk.'

Hij rekt zich uit en kijkt langs zijn gestrekte armen naar zijn geopende handpalmen. Dan vervolgt hij: 'Ik zie het stoffelijke deel van het sterven gewoon als een soort recycling-proces. Als je een boterham met kaas eet, dan eten wij een stuk koe en een stuk koren. En die cellen van die koe en het koren zijn gevormd uit andere cellen. Zo transformeren cellen uit mijn lichaam zich tot cellen in een ander lichaam. Daar hecht ik symbolische waarde aan. Mijn as wordt in twee verschillende riviertjes in Schotland en Afrika uitgestrooid. Dat water zal elkaar ooit ergens in de Atlantische Oceaan weer ontmoeten. Geestelijk weet ik het niet. Maar ik kan aan de dood niets bedreigends ontdekken. Er zijn mij zo veel mensen voorgegaan. Als ik er een aantal zou kunnen terugzien, dan is dat toch een fantastisch idee. Dat je elkaar weer in de armen kan sluiten, weer kan begroeten en de draad weer zou kunnen oppakken.'

En als er niets blijkt te zijn?

'Dan hoef ik ook niet bang te zijn. Dan is het als de slaap en ik ben ook niet bang om te gaan slapen. Maar misschien moeten we eerst nog door andere levensvormen heen, als roodborstje, als houtduif of als vis.'

Had u dingen graag anders gedaan?

Hij aarzelt geen seconde: 'Nee ik heb het goed gehad. Ik had een instrument moeten blijven spelen. Maar dan was de piano misschien ten koste van mijn schrijven gegaan.

Ik ben vaak geroemd om mijn onconventionaliteit. Ik begon al vroeg over maatschappelijk verantwoord ondernemen en over spiritualiteit en zakendoen. Maar ik vind eigenlijk dat ik juist altijd heel voorzichtig ben geweest. Te voorzichtig. Ik zou meer risico hebben moeten nemen. Ik heb vaak dingen nagelaten, investeringen niet gedaan omdat ik dacht dat de winstgevendheid ondoorzichtig was. Dat is jammer.

Toch heb ik niet helemaal stilgezeten. Onder mijn leiding is de winst van SHV vertienvoudigd. We waren vier vrienden in de leiding. Het 'klavertje vier' werden we genoemd. Daar hadden we misschien nog meer uit kunnen halen. Maar ach, misschien hadden we de winst kunnen vervijftienvoudigen. Was ik dan gelukkiger geweest? Ik denk het niet. Het samenwerken, elkaar goed aanvoelen, dat maakt gelukkig.'

Hij leunt vermoeid achterover in zijn bureaustoel. Achter hem hangt een groot olieverfschilderij van twee haviken in jeugdkleed. 'Het is een dubbelportret van de lievelingshavik van de dochter van Keizer Maximiliaan. Ik heb het schilderij gekocht als een ode aan mijn twee dochters.'

Er hangen nog meer dieren in de kamer. Twee grote zeefdrukken van Andy Warhol: een neushoorn en een zebra in felle kleuren.

'Toen ik in de Amerikaanse kliniek in de buurt van Chicago te horen kreeg dat er niets meer aan mijn ziekte te doen was, ben ik voor die serie zeefdrukken van Warhol gaan zitten. De 'Endangered Species'-serie. Zo voelde ik me ook. Ik heb er steun bij gevonden. Ik heb me daar geconcentreerd op de vraag hoe ik het stervensproces ga beheersen. En niet andersom. Het is een serie van tien zeefdrukken, een olifant, een tijger, allemaal bedreigde diersoorten. Ik heb er steun bij gevonden en kon er twee ergens op de kop tikken. Die hangen nu in mijn laatste werkkamer.'

Is de liefde voor de natuur laat in uw leven gekomen of was dat altijd al zo?

'Als dreumes was ik van de vier kinderen het buitenkind. Ik klom in de bomen bij ons in de tuin in Maartensdijk. Ik groef kuilen en bouwde hutten. Dat heb ik altijd gehouden. Maar als je druk bent met het opzetten van een Makro-vestiging in Thailand, dan ben je niet met de Afrikaanse olifant bezig. De natuur is een tijd naar de achtergrond verdwenen. Maar ik heb elke vier jaar iets nieuws gedaan dat niets met mijn werk bij shv te maken had.'

Zoals?

'Een vliegbrevet, het schrijven van boeken, leren fotograferen, het imkersdiploma. Zo kwam ook de natuur weer terug.'

Waarom bijen houden? Is dat leerzaam voor een ondernemer?

'Het begon met het idee dat die honing waar ik zo dol op ben eigenlijk insectenbraaksel is. Ik realiseerde me dat ik niets van bijen wist. En dan word ik nieuwsgierig. Er bleek hier in de buurt van Langbroek een imkervereniging te zijn. Daar heb ik de hele winter een cursus gedaan, prachtig. Ik heb een heel aantal volkjes gehad. Van een paar bijenraampjes heb je al gauw een dweilemmer vol. Ik heb vrienden en familie jarenlang verveeld met eigen potjes honing. Als je de bijen maar kalm en vriendelijk behandelt, hebben ze verbazingwekkend veel vertrouwen. En dat terwijl je toch die rotzak bent die hun honing meeneemt.'

Bij het afscheid geeft hij een dichtbundeltje. 'From horizon into horizon', staat er op de rug. Hij heeft het in een etmaal geschreven, in de eerste dagen na het fatale bericht van de ongeneeslijke ziekte. Op het omslag staat een foto van een vlucht ganzen in het Hollandse rivierenlandschap.

Dit interview verscheen op 3 juni 2006 in *Volkskrant Magazine*. Paul Fentener van Vlissingen overleed op 21 augustus 2006.

Woord vooraf

Dit boek is geschreven voor mensen die geïnteresseerd zijn in het werk binnen de top van een groot bedrijf. Het zaaien, wieden, snoeien, mesten en oogsten. Het is voor aandeelhouders, werknemers, klanten en belangstellenden in het ondernemen.

Dit boek is ook geschreven voor de SHV'ers, die op de Rijnkade 1 werken of hebben gewerkt of andere banden met SHV hebben. En voor hun partners, die zich weleens zullen afvragen wat daar op die Rijnkade – en elders – in 's hemelsnaam gebeurt.

Het is geen leerboek – ik hoop tenminste dat het niet zó saai is. Wie er toch wat uit leert, kan zichzelf prijzen. Leren is altijd de activiteit van de leerling.

Het waarom van dit boek? Het gaf me de gelegenheid om iets uit te leggen aan allen die met mij SHV hebben geleid in vele jaren: van Makro- en Gasmensen tot Business Unit Managers (BUM's) en mijn bazen: de raad van commissarissen en de aandeelhouders. Hun allen dank te zeggen is een genoegen, evenals aan Folkert Schukken en Paul Schuckink Kool. Samen zijn we tuinman geweest. Soms denk ik dat we het aardig hebben gedaan. Maar u weet: het eigen onkruid staat altijd beter dan het koren van de buurman.

Veel van wat in de laatste jaren tot stand kwam, gebeurde 'thuis'. Ik heb geboft een dolfijn rond me te heb-

17

ben die een intelligente, vasthoudende en originele mede-
reizigster is. SHV heeft veel aan het thuisfront te danken.

Nadat ik dit boek had geschreven, was ik ontevreden.
Het was te zeer 'schrijftaal'. John Verhoeven, journalist,
een niet-voor-de-poes, lastige en intelligente, fijne, man,
heeft de taal helpen vormen in iets wat tussen spreektaal
en schrijftaal ligt.

De eindverantwoordelijkheid en redactie lag bij mij.
Veel dank aan John Verhoeven – ik zal onze gesprekken
niet gauw vergeten.

Bij de citaten en spreuken heb ik waar mogelijk – het
geheugen is niet perfect – de herkomst vermeld. Een aantal zijn eigen spinsels.

Dank aan Albert Schuitemaker, leermeester, collega en
vriend, aan Dick de Kat en Cyp Hooft Graafland, die de
moeite namen het manuscript door te lezen en van vele
goede suggesties te voorzien en die met nooit aflatende
vriendschap en inzet mee richting geven aan SHV. Dank
in veel opzichten aan vader J.M. en grootvader Dr. F.H.
voor het voorbeeld dat ze gaven.

Het bewerken, verwerken, uittypen, toevoegen en
schrappen van zinnen, het ontcijferen van mijn hand-
schrift en het bewaren van een prima humeur komen allemaal op het credit van Niesje, die al langer bij SHV werkt
dan ik. Zij weet hoe de zaken echt gaan.

Langbroek, 1995

I

Wie niet waagt, blijft maagd

ONDERNEMERSCHAP BIJ SHV

Wat maakt een ondernemer succesvol? Talent, bezetenheid en geluk. Talent om te creëren, bezetenheid om de dingen voor elkaar te krijgen, en geluk dat toeneemt met veel oefening.

Het bedrijf shv, in 1896 ontstaan toen acht familiebedrijven zich verenigden in de Steenkolen Handelsvereeniging, bestaat inmiddels bijna een eeuw en geen jaar moest verliesgevend worden afgesloten. Een succesvolle onderneming is het zeker vóór mij en hopelijk ook ná mij. Maar wie van mij hier goeroe-achtige managementwijsheden verwacht, is, vrees ik, aan het verkeerde adres. In de tien jaar dat ik aan het hoofd heb gestaan van shv, heb ik geen universeel geldende, strategische modellen uitgedokterd waarmee elke onderneming naar succes kan worden geleid. Mijn formule was goed voor shv in die tijd en omstandigheid. Andere tijden, andere formules.

Wat ik wel weet is dit: een succesvolle onderneming is het resultaat van de manier waarop mensen werken, niet van producten.

En: het product van een onderneming kan nooit beter zijn dan de mensen die het voortbrengen en verkopen.

En: motivatie, enthousiasme, het gevoel gezamenlijk iets goed te doen is belangrijker voor succes dan de externe – niet beïnvloedbare – factoren.

Een succesvolle onderneming heeft veel meer te danken aan simpel toeval dan de managementgoeroes ons willen doen geloven. Hoe komt een ondernemer aan een idee dat later heel succesvol blijkt te zijn? Vaak komt daar veel toeval bij kijken. Een voorbeeld. SHV heeft wereldwijd belangen in meer dan honderd vestigingen van de Makro, dat is een distributieformule die door ons bedrijf samen met onze partners is ontwikkeld en inmiddels in meer dan twintig landen is geïntroduceerd. Door toeval kwam Makro bij ons, door toeval gingen we verder.*

Op een bepaald moment heb ik een etentje in Engeland. Naast mij zit de baas van Marks & Spencer, een Brits distributiebedrijf en een goed geleide onderneming. We raken aan de praat over Thailand, want daar heeft de man een buitenhuis. Hij kwam er net vandaan. SHV toevallig ook: we hadden er net onderzoek gedaan naar de mogelijkheden voor een Makro-vestiging. De conclusie van onze mensen was: niet doen. Misschien over tien jaar, maar nu is het nog te vroeg. Het gesprek gaat dus over Thailand en de directeur van Marks & Spencer zegt tegen me: 'Nou, als ik de Makro had, dan zou ik ermee naar Thailand gaan.'

Ik knoop dat in mijn oren, we hebben er opnieuw mensen naartoe gestuurd om ten tweeden male de mogelijkheden te bekijken. Slot van het liedje is dat SHV toen toch met de Makro naar Thailand is gegaan. We hebben er inmiddels ongeveer tien vestigingen die prima draaien. Het bedrijf is op de beurs genoteerd en de gekapitaliseerde beurswaarde bedraagt vele honderden miljoenen guldens.

Een tweede onmisbare factor bij succesvol ondernemen

---

* Noot van de uitgever: In 1997 werden de Makro-vestigingen in Europa verkocht.

is bezetenheid: onvoorwaardelijke toewijding van de mensen die bij het idee betrokken zijn. De onderhandelingen van SHV met een Amerikaanse oliemaatschappij voor een belangrijk contract namen in totaal drie jaar in beslag. Dat vergt een sterke betrokkenheid van de mensen. In de eindfase van de onderhandelingen zaten we met z'n allen in een hotel in Parijs. Ik kreeg 's nachts om twee uur een brainwave en trommelde iedereen het bed uit. Ik herinner me nog dat al onze mensen met de slaap nog in de ogen en gekleed in een badjas of een haastig aangetrokken broek en overhemd op mijn kamer zaten, terwijl ik – blote benen onder een kamerjas – op en neer ijsbeerde en mijn plan uit de doeken deed. Er werden ideeën uitgewisseld, iedereen werd klaarwakker en enthousiast. 's Morgens gingen we met een paar uur slaap maar met enkele heel oorspronkelijke voorstellen de onderhandelingen in. Die ochtend sloten we de gesprekken af. Uiteindelijk bleek het contract voor SHV heel veel waard te zijn.

Op de derde plaats speelt een soort 'common sense' een bepalende rol: de eigenschap om de hoofdlijnen in de gaten te houden en niet op zijpaden te verdwalen. Aan de meest ingewikkelde contracten liggen, als het goed is, heel eenvoudige gedachten ten grondslag. Die simpele uitgangspunten moet je blijven zien, en daarvoor is een gezonde dosis nuchterheid en intuïtie nodig. Slechts als ingewikkelde zaken zó beheerst worden dat ze eenvoudig lijken, wordt de materie beheerst.

Ten vierde: het proces van besluitvorming in een onderneming is veel minder rationeel dan het lijkt. Niet zozeer analytische cijfers liggen eraan ten grondslag als wel toeval, geluk, betrokkenheid, een goed gevoel. Dan zeg je op een gegeven moment: 'Laten we het doen.' Pas daarna begint de fase van de 'bewijsvoering': je moet iedereen in het bedrijf ervan overtuigen dat het een goed plan is. In die fase – niet eerder – komen de gedetailleerde rapporten en cijfers in beeld. Rapporten zijn nodig om de mensen in je organisatie mee te krijgen, je objectiveert als het ware het idee. Uiteraard zorg je ervoor dat een rapport datgene bevat waar je naar toe wilt, mét de bezwaren. Ik heb zelf in dertig jaar niet meegemaakt dat ik een rapport heb laten opstellen met een conclusie die afweek van de mijne, ondanks alle opgenoemde bezwaren. Ik zou een slecht ondernemer zijn als dat wel het geval was geweest. Je mag wel twijfelen, maar niet aarzelen.

Rapporten en bezieling zijn noodzakelijk om ervoor te zorgen dat een project ook werkelijk eigendom wordt van de medewerkers. Dit betekent dat hoewel de hand van de baas herkenbaar is in de toonzetting van het rapport, de medewerkers en collega's uit ervaring moeten weten dat er ook ruimte is om het idee af te kraken. Dan heeft het een veel grotere kans van slagen dan wanneer het een project uitsluitend van de baas is.

Als ik na mijn etentje met de baas van Marks & Spencer iedereen bijeen zou hebben geroepen en had gezegd: 'Heren, er is besloten dat we met de Makro naar Thailand gaan,' dan zou dat absoluut niet hebben gewerkt. De ondernemer moet zijn mensen zo weten in te schakelen dat ze er allemaal van overtuigd raken dat het een geweldig idee is om met de Makro naar Thailand te gaan.

Succesvol ondernemerschap komt louter en alleen tot stand via – en dankzij! – goede mensen, die niet alleen intelligent zijn maar vooral ook het vermogen hebben zich ergens helemaal in te storten, die kortom intelligentie paren aan passie, slimheid aan bezetenheid. Verder draait succesvol ondernemen om toeval: het geluk ergens mee geconfronteerd te worden, de mogelijkheid om te leren van gemaakte fouten, en zelfkritiek: toegeven aan je eigen onmacht om iets goed genoeg te doen en daaruit de juiste conclusies te trekken. Want uiteindelijk is er maar één maatstaf voor ondernemen, en dat is: succes.

Dergelijke processen hebben zich vanaf het prille begin bij SHV voorgedaan. Daarbij heeft de directie altijd een heel specifieke rol gespeeld: het ondernemen van nieuwe activiteiten. De aanwezigheid van vernieuwende impulsen in de top van een bedrijf is niet zo voor de hand liggend als het lijkt. In het geval van SHV hangt het, denk ik, samen met het feit dat vanaf het allereerste begin de eigenaren van het bedrijf tevens in de leiding waren vertegenwoordigd.

D.G. (George) van Beuningen en F.H. (Frits) Fentener van Vlissingen waren (tweede generatie) nazaten van acht grote ondernemende families die hun bedrijven fuseerden. De eerste had vooral een scherp oog voor de ontwikkelingen in de Rotterdamse haven, de import en overslag van kolen. Een bijzonder talent bleek hij ook te hebben voor kunst: hij bouwde met geduld en toewijding een schilderijenverzameling op – Rogier van der Weyden en Brueghel behoorden tot zijn favorieten die later aan de basis stond van de collectie van het Rotterdamse museum Boymans-Van Beuningen.

Dat hij bij het verzamelen van zijn collectie nog eens stevig bij de neus is genomen door meestervervalser Han van Meegeren, pleit in mijn ogen voor hem. De voorzichtige verzamelaar zal nooit iets tot stand brengen wat meer kan worden dan een brave, risicoloze catalogus, en daar was het Van Beuningen nooit om begonnen, denk ik. Juist de durf om meer te doen en daarmee de kans te vergroten om iets uitzonderlijks te scheppen, karakteriseerde hem. Wie dat doet, zwikt zo nu en dan door zijn enkel, maar wie het niet doet, leert nooit echt lopen.

Ook zijn compagnon Frits van Vlissingen, mijn grootvader, was een ondernemer in hart en nieren die van tijd tot tijd een verzwikte enkel opliep. Zijn avontuur in de eerste Nederlandse autofabriek Spijker mogen we nu gerust een zeperd noemen. De NV Nederlandsche Automobiel- en vliegtuigenfabriek Trompenburg, zoals dat bedrijf officieel heette, ging ambitieus van start en F.H. van Vlissingen moet beslist een mooie toekomst hebben gezien voor een bedrijf dat zo duidelijk op de hightech van die dagen was toegespitst.

Enfin, iedereen weet hoe het met de Spijker is afgelopen, nadat de directie er met de kas vandoor ging. Grootvader was woedend – zegt men mij. Ik denk dat hij een fout maakte: niet door in het Spijkerbedrijf te investeren, maar door te vergeten een paar Spijkers te bewaren ná het debacle. Zijn kleinkinderen hadden dat prachtig gevonden en de investering was een beetje teruggehaald.

Toch is deze zakelijke affaire evengoed een duidelijk bewijs van zijn ondernemerschap, als de projecten en ondernemingen waarbij hij betrokken was en die wel succesvol waren. Op deze lijst – gelukkig heel wat langer dan die van zijn mislukkingen – treffen we een paar namen aan die nog steeds de hoeksteen vormen van de Nederlandse economie.

Mijn grootvader was mede-oprichter van bedrijven als Fokker en de KLM – in een tijd dat de vliegtuigindustrie een sector was die wereldwijd nog in de kinderschoenen stond en bepaald niet de gunstige prognose had die je achteraf zou hebben verwacht – de Koninklijke Nederlandse Hoogovens en Staalfabrieken en de Algemene Kunstzijde Unie (de AKU, voorloper van de Akzo). Daarnaast was hij actief betrokken bij de oprichting, financiering of bedrijfsvoering van tientallen bedrijven in binnen- en buitenland, kortom: geen stilzitter.

Ook in het huidige tijdsgewricht hebben we bij SHV onze Spijkers, zeperds van groot formaat gekend. In 1970 kochten we de supermarktketen De Gruyter. Ongeveer tien jaar later deden we de zaak weer van de hand: we slaagden er niet in van deze bedrijfsactiviteit een gezonde onderneming te maken, al hielden we er een prachtig bedrijf in Berlijn aan over: Otto Reichelt. Hetzelfde overkwam ons met Melchior's Bouwbedrijven, dat we in 1972 kochten. Achteraf bleek dat een kat in de zak te zijn: het bedrijf hebben we later met veel verlies weer kunnen afstoten.

Shiptrading is de wereldwijde handel in schepen. Daar is in een bepaalde cyclus – de goede, uiteraard – erg veel geld mee te verdienen. Van 1968 tot 1984 hebben we dat geprobeerd, maar uiteindelijk lukte ons dat niet. Onze vierde zeperd was de poging om onze Makro-formule voor groothandelsdistributie in de Verenigde Staten van de grond te krijgen. In 1989 – negen jaar na de eerste initiatieven – hebben we de handdoek in de ring gegooid: vele miljoenen guldens armer maar een onschatbare ervaring rijker.

Over deze mislukkingen, die ons in totaal zo'n kwart miljard gulden hebben gekost maar die op een andere manier ook veel hebben opgeleverd, is meer interessants te zeggen. Ik kom er uitgebreid op terug.

Dit waren onze bloedneuzen van de afgelopen decennia, die overigens gelukkig geen 'Spijkers' aan onze doodkist bleken te zijn. Het is de prijs die we moesten betalen voor het succes dat we elders wel wisten te boeken, de nooit afwezige leerschool.

Diep in mijn hart denk ik dat juist deze zeperds de werkelijke reden voor ons succes zijn. Je hebt mislukkingen nodig om de mensen in je bedrijf wakker te houden, om te voorkomen dat ze zelfgenoegzaam, al te tevreden met zichzelf worden. Kijk naar IBM, dat heeft zestig jaar lang de wereldmarkt voor telmachines en later computers gedomineerd. Dan raakt een organisatie haar scherpte kwijt. Wijsheid is de som van verwerkte mislukkingen. Je zou jezelf bijna mislukkingen toewensen omdat je anders niet groeit in je wijsheid.

Ook een bedreiging kan de aanzet geven tot succes. In 1896 werd de Steenkolen Handelsvereeniging in het leven geroepen door acht families die op dat moment ieder voor zich al veel langer actief waren in de steenkolenhandel. Toen in dat jaar een aantal Duitse kolenmijnen een verkoopkartel oprichtte, besloten de Nederlandse familiebedrijven om ook aan de inkoopkant een kartel op te richten. De familie Van Vlissingen die de directie van SHV vormde, was echter op dat moment al ruim een eeuw actief in een brede waaier van ondernemingen en activiteiten. Scheepswerven, bierbrouwerijen, rederijen, de handel in haarlemmerolie, thee, koffie, rum, machinefabrieken, landbouwproducten, kolenhandel, het is slechts een greep.

Na de totstandkoming van SHV ging dat door. Het ondernemerschap strekte zich tot in de jaren vijftig van deze eeuw grotendeels uit tot activiteiten buiten de SHV om. Na de Tweede Wereldoorlog veranderde dat en werd de SHV zelf de paraplu waaronder een groot deel van de nieuwe bedrijfsinitiatieven zich konden ontwikkelen. Je zou kunnen zeggen dat van het eind van de vorige eeuw tot in de jaren vijftig de Steenkolen Handelsvereeniging louter een kolenbedrijf was. Veel ondernemerschap van de Van Vlissingens en andere aandeelhouders vond dan ook buiten de SHV plaats.

Als we in de loop van de jaren vijftig niet – opnieuw –

waren begonnen met nieuwe ondernemingen binnen SHV, dan waren we nu een klein kolenbedrijfje geweest. We hebben nog steeds een kolentak, maar die is inmiddels een klein onderdeel geworden van de totale SHV-activiteiten. Veranderen is overleven.

VERANDEREN EN AANPASSEN: ZUURSTOF VOOR EEN ONDERNEMING

Onder de naoorlogse activiteiten die onder de vlag van SHV werden ontplooid, behoren zulke uiteenlopende dingen als een koffiebranderij (was onderdeel van de supermarktketen De Gruyter), de fabricage van koelijs voor visserijbedrijven (onderdeel van de Verenigde Exploitatie Maatschappij), het maken van betonmortel (bij de Vlisbo), het installeren en – soms – besturen van ziekenhuizen en het bouwen van kantoren (allebei onder de vlag van Melchior's Bouwbedrijven), een computerservicebedrijf (onderdeel van Geveke, later verzelfstandigd als Getronics), het bouwen van schepen en handel in schepen (de shiptrading), het installeren van elektrotechniek op schepen (onder de naam A. de Hoop, onderdeel van een bedrijf dat Nigoco heette en in 1968 werd gekocht), de bouw van benzinestations in Oostenrijk (door PAM Mineralöl Gesellschaft), de handel in ruwe olie en de raffinage ervan in Antwerpen, een vulbedrijf voor gasflessen, de fabricage van jam (door Hamido, onderdeel van De Gruyter), het vissen met trawlers op haring en een grootaandeelhouderschap bij vliegmaatschappij Martinair. En daarnaast uiteraard onze activiteiten in de energie: boren naar olie en gas, raffinage, handel in olie en gas... Wat u zegt, een hele santekraam. Vindt een mens nog wel zijn weg in die jungle?

De meeste van deze activiteiten zijn weer uit het SHV-huis vertrokken en zijn elders ondergebracht of gestopt. Na een periode van diversificatie in de jaren zestig en zeventig hebben we ons in het begin van de jaren tachtig gaandeweg weer teruggetrokken op onze kernactiviteiten: de handel in grondstoffen (olie, gas, kolen, schroot) en de handel in levensmiddelen (de zelfbedieningsgroothandel, bekend als de Makro-formule). Het is eigenlijk heel curieus dat we terugkeerden naar die activiteiten die onze grootvaders, vóór de grondleggers van de SHV, en hun grootvaders ook al bedreven. Ik kwam laatst een geschiedschrijving van ons bedrijf tegen en daarin duikt Cornelis van Vlissingen op, die al in het begin van de achttiende eeuw naar 'de West' voer, naar Demerary en Berbice, en naar Suriname. Met olie, cement, en allerlei soorten houdbare levensmiddelen: gezouten haring, zalm, paling, ham, worst, rolpens, osseribben... Halverwege de negentiende eeuw waren die activiteiten weer gestaakt. Nu, tweehonderd jaar later, zitten we opnieuw in de voedseldistributie. Eerlijk gezegd begrijp ik niet helemaal waarom SHV nu nog precies dezelfde dingen doet als mijn voorouders twee eeuwen geleden. Is het nou toeval dat we via de Makro weer terugkeren bij het beginpunt? Of speelt er iets anders mee? Wellicht beperktheid van visie?

De neiging is groot om te zeggen: we hebben in het begin van de jaren tachtig van de twintigste eeuw besloten ons te concentreren op de kernactiviteiten, na enkele decennia van diversificatie. Dat klinkt dan heel logisch en doordacht, maar volgens mij is die logica slechts schijn, een rationalisatie achteraf. Zo'n besluitvormingsproces om ergens wel of niet in te duiken verloopt helemaal niet zo helder als sommige mensen het willen doen voorkomen. Op het moment zelf liggen die processen heel anders. Het is, denk ik, in wezen ontzettend eenvoudig: je gaat door met de activiteiten waarmee je financieel succes hebt, en waarbij je je plezierig voelt. En je stopt uiteindelijk met de dingen waarmee je worstelt, en die geen of te weinig geld opbrengen.

Het is interessant te vertellen dat bedrijven als Getronics, een computeronderhoudsbedrijf, het onder de vlag van SHV helemaal niet zo geweldig goed deden. Met Getronics heeft SHV nauwelijks of geen geld verdiend. Nu is het bedrijf verzelfstandigd, groot, aan de beurs genoteerd, en succesvol.

Wat dat is? Bij ons had Getronics dezelfde bedrijfskundige visie, zelfs dezelfde man aan het roer, presidentdirecteur Risseeuw. Toch verdienen ze nu veel geld en toen niet. Waarom lopen de dingen zo? Misschien heeft het bedrijf nu meer prikkels, motivatie, elan gekregen omdat het op eigen benen staat, en niet onder de rokken van een groot moederconcern kan wegduiken. Misschien stond SHV de dochter Getronics in de weg, was er te veel bemoeienis van bovenaf.

Moet de conclusie achteraf zijn dat de bedrijfscultuur van SHV beter tot haar recht komt in activiteiten die een ondernemende visie vragen, en wat minder in bedrijven die een regulerende, meer bestuurlijke aanpak vergen? Is de functie van de Holding om te ondernemen en te starten en minder om te 'managen'?

Dat zou ook verklaren waarom we begin jaren tachtig met zoveel succes in het vloeibaar gas, LPG, gingen. Nu is die omschrijving niet helemaal juist, want we hadden al sinds 1948 een gasbedrijf, de Calpam in Zutphen. Het besluit tot de uitbouw van de gaspoot viel heel bewust. We hadden het gevoel dat deze sector ons zou liggen. De uitbouw van het gasbedrijf tot wat nu een van de grootste LPG-bedrijven in Europa is, vergde een zelfde soort ondernemerschap als bij de Makro's: meer ondernemend dan regulerend. Op het moment zelf realiseer je je dat soort dingen zelden, pas achteraf kun je die conclusies trekken. En zelfs dan is het nog moeilijk.

Kennis over ondernemerschap is niet overdraagbaar: het moet telkens weer opnieuw worden aangeleerd en alleen wie ervoor geboren is kan leren. Intussen is ook de omgeving veranderd en wat gisteren nog gold, telt vandaag niet meer. Dat maakt ondernemen een zaak van vallen en opstaan, van fouten maken, ervan leren en elke keer opnieuw het wiel weer uitvinden.

Alle activiteiten buiten de grondstoffenhandel en distributie die de SHV na de Tweede Wereldoorlog heeft ontplooid, hebben een totaaluitkomst aan winst, die wat de cijfers betreft wel zo ongeveer op nul zal uitkomen. Toch hebben ze het bedrijf veel goed gedaan: wat ervaring betreft waren ze onmisbaar. Ondernemen is nooit stilstaan, maar: van je fouten leren, je wonden likken, en opnieuw proberen.

2

Familiebanden

Father, mother and me
Sister and Auntie say
All the people like us are We
And everyone else is They
(Rudyard Kipling)

FAMILIEBANDEN I:
MOET DE FAMILIE HET VAN JE HEBBEN?

Wie zijn vizier beperkt tot de beurspagina's en economische berichtgeving in de dag- en weekbladen, is misschien geneigd te vergeten dat verreweg de meeste ondernemingen in de wereld niet-beursgenoteerde familiebedrijven zijn. De SHV is er een van. Klein en groot, de bakker en loodgieter even goed als de president-directeur van een multinationaal bedrijf dat 55.000 werknemers in dienst heeft; we zijn ondernemers die dagelijks proberen met eigen inspanningen eigen bezit uit te breiden, winst te maken.

Familiebedrijven lopen in de regel niet zo in de gaten: ze gedijen kennelijk goed in de betrekkelijke anonimiteit. Dat heeft niks te maken met geheimzinnigdoenerij, meer met het feit dat ondernemen voor een belangrijk deel samenvalt met het privéleven, en daar loopt niemand graag zonder redenen mee te koop. Privé en ondernemerschap

31

zijn twee gedeelten van hetzelfde schilderij. Een ondernemer die over zijn bedrijf praat, heeft het tegelijkertijd over zijn privéleven.

In het geval van interne problemen in het bedrijf bestaat de noodzaak om de openbaarheid te zoeken nog minder. De machtsverhoudingen in een familiebedrijf liggen immers duidelijk vast, een publiek gevecht in het kader van een machtsgreep of ter wille van de steun van de publieke opinie (lees: anonieme groepen aandeelhouders) verandert daar niks aan.

Bij een beursgenoteerd bedrijf is die machtsfactor nooit helemaal duidelijk. De voorbeelden zijn legio: wie de kranten leest, kan zo enkele grote Nederlandse bedrijven opnoemen waar zich een strijd om de macht heeft afgespeeld, gedeeltelijk, en soms zelfs grotendeels, in de openbaarheid. Daar is veel eerder sprake van een interne machtsstrijd omdat die macht niet is verankerd in bezit van een gedeeld eigendom maar in een functie, een stoel. Public relations-medewerkers moeten vaak als schokbreker en stootkussen dienen voor het management, zowel in het verdedigen van de eigen positie als het offensief in een interne machtsstrijd. Een adjunct die op de stoel van de directeur aast, een directeur die zich bedreigd weet, bestuurders die aanhangers om zich heen willen verzamelen, de publieke (beurs)opinie willen mobiliseren, ze hebben allemaal veel meer baat bij openbaarheid, publiciteit, het bewerken van andermans mening dan in een familiebedrijf over het algemeen het geval is.

Daarnaast heeft ruzie in een familiebedrijf iets in zich van incest, van onfatsoen; het doorbreekt de sociale structuur van en loyaliteit in een familie.

Bij shv heb ik van 1985 tot 1995 een betrekkelijk 'open' beleid gevoerd naar de pers, naar aandeelhouders en zeker naar de raad van commissarissen. Intern is veel gediscussieerd over de vraag of dat nou wel zo nodig was, vooral wat de media betreft. Ik vind van wel: allereerst omdat ik van mening ben dat je recht op zwijgzaamheid afneemt naarmate het bedrijf groter wordt, meer mensen in dienst heeft en een grotere rol in de samenleving speelt. Dan is het niet goed om jezelf in een cocon van zwijgzaamheid op te sluiten. Bovendien ben ik van mening dat geslotenheid je heel kwetsbaar maakt, vooral in een genivelleerde samenleving als de Nederlandse. SHV heeft zich, met haar hoofdkantoor in Utrecht, dan ook regelmatig in die stad laten zien. De naam van ons bedrijf is verbonden aan de totstandkoming van de stadsschouwburg, het Julianapark, de restauratie van het gebouw van Kunsten en Wetenschappen, de musea, de ondersteuning van kunstenaars. Het zijn donaties waarmee we al generaties de stad laten zien dat we een goede medeburger willen zijn.

Ik maak nadrukkelijk een onderscheid tussen de ondernemer die met geld van zichzelf en zijn familie onderneemt en daar het risico van draagt, en de manager zonder eigen financiële inbreng. De laatste is eigenlijk niet zozeer een ondernemer in de werkelijke zin van het woord, al kan hij zeer ondernemend optreden mede door winstdelingsregelingen of bonussen. Hij is eerder een bestuurder van min of meer goed georganiseerde werkeenheden, waar veelal bestaande paden worden uitgebouwd of voortgezet en waarbij de nadruk minder ligt op het betreden van nieuwe paden. Bij de ondernemer staat niet alleen zijn inkomen uit arbeid op het spel maar ook het vermogen dat hij in zijn bedrijf heeft gestopt. De ondernemer loopt dubbel risico, de manager enkel het risico van de baan. De bestuurder die geen eigen financiële inbreng heeft, is alleen door middel van zijn salaris verbonden aan het bedrijf. Ze ondernemen met het geld van een ander. En naarmate die 'ander' abstracter is, kunnen ze het zich permitteren luidruchtiger te worden.

SHV is inmiddels ongeveer een eeuw oud. We hebben in de periode 1985-1995 gekozen voor een sterk groeibeleid en dat maakte externe financiering van het eigen vermogen noodzakelijk. Hoe? De kunst was om wat eventueel als een zwakte gezien zou kunnen worden – een familiebedrijf, geen beursnotering –, om te zetten in een voordeel. Dat is op grote schaal gebeurd door het inbrengen van partners. Een familiebedrijf als SHV blijkt voor veel partners interessant te zijn juist vanwege de kenmerken die een familiebedrijf heeft. Om te beginnen zijn de bestuurders tevens (mede)eigenaar; het garandeert een zekere stabiliteit in het ondernemerschap in de ogen van veel culturen. De president-directeur is niet van de ene dag op de andere vertrokken, het bedrijf loopt niet het risico na een financiële crisis op de beurs in een enkel weekeinde een derde in financiële waarde te dalen. Het 'woord en daad' van een familiebedrijf geeft een partnership een persoonlijker relatie dan het 'woord en daad' van een beursgenoteerd bedrijf. Bovendien blijken partners ook zelf vaak bestuurder/eigenaar te zijn, zodat de relatie voor alle betrokkenen dezelfde gevoelswaarde krijgt. We spreken als het ware dezelfde taal.

Het veronderstelde probleem om groei van een familiebedrijf te financieren, hebben we daarnaast opgelost door dochterondernemingen naar de beurs te brengen, waarbij de zeggenschap over wezenlijke zaken bij SHV blijft of komt. Dat kan door het in bezit nemen of houden van een pakket aandelen dat groot genoeg is om die positie veilig te stellen.

Deze zeggenschap is bij uitstek nodig om de duidelijke beschikking over oog en oor van de grootste asset te krijgen: de mensen. Op deze wijze heeft SHV om haar snelle groei te financieren in een tiental jaren ongeveer een miljard gulden aangetrokken van partners. Dat is bijna de helft van het totale eigen vermogen, de rest is kapitaal van SHV.

LOYALITEIT, INTEGRITEIT

De instrumenten om groei te financieren – partnerships, aandelenemissies – zouden niet functioneren als er ook maar iets mis zou zijn met de essentie van wat zo'n proces tot een succes maakt. Die essentie is: de kwaliteit van de eigen onderneming, de loyaliteit en de integriteit van het management. Partners moeten dat in elk contact met SHV kunnen herkennen of aanvoelen, omdat ze immers wel hun geld ter beschikking stellen maar de uiteindelijke strategie aan ons overlaten. Veel, heel veel persoonlijke aandacht en inspanning is noodzakelijk om tot goede en blijvend goede verstandhoudingen met de partners te komen. Makkelijk is het niet, nodig is het wel.

Als een familiebedrijf die lakmoesproef overleeft – bij SHV is dat tot op heden gelukkig steeds het geval geweest –, dan krijgt het een voorsprong op een bedrijf dat aan de beurs is genoteerd. De voorsprong zit in de mogelijkheid om in goed overleg met de kleine groep aandeelhouders (familie en partners) een echte strategie voor de langere termijn uit te stippelen. Die kan er bijvoorbeeld uit bestaan dat er tijdelijk wordt afgezien van winst om een bijzonder project aan te pakken. Gezamenlijk een risico onderkennen maar desondanks afspreken het toch te proberen vanwege de kansen op succes. Een aldus genomen gezamenlijk besluit wapent tegen teleurstellingen en verwijten, en geeft het bedrijf kracht en uithoudingsvermogen. Juist een familiebedrijf is in staat lange-termijndoelstellingen uit te stippelen.

De donkere wolken van tegenvallende kwartaalcijfers, boze aandeelhouders die van de ene op de andere dag kunnen weglopen en daarmee de beurskoers (en dus de feitelijke waarde van het bedrijf) kunnen verlagen, de gevoeligheid voor negatieve publiciteit en geruchten: een familiebedrijf en zijn partners hebben daar veel minder last van. Voor een ondernemer die niet denkt in kwartalen en jaarcijfers, maar in perioden van vijf, tien, twintig jaar, kan de relatieve ongevoeligheid voor dergelijke externe invloeden een zegen zijn en uiteindelijk een beslissend voordeel opleveren.

FAMILIEBANDEN II:
DE FAMILIE EN HET OFFERBLOK

Het familiebedrijf heeft twee grote vijanden: de fiscus en de familie.

De fiscus trekt een in mijn ogen ethisch onverantwoordelijk groot deel van het werk en het succes van de ondernemer naar zich toe. Een familiebedrijf verdient pas echt die naam als het van generatie op generatie kan worden doorgegeven. Dat is in het huidige belastingstelsel heel erg moeilijk. Gaat een bedrijf bij het overlijden van vader over op de zoon, of moeder, of dochter, dan eist de belastingdienst iets minder dan een derde deel van het bedrijf op. In geld, wel te verstaan. Dat betekent vaak dat er onderdelen van het bedrijf verkocht moeten worden om aan de eisen van de fiscus tegemoet te komen. Gaat het bedrijf over naar een verder familielid (bijvoorbeeld een kleinzoon of -dochter), dan loopt de eis van de fiscus op tot de helft en zelfs drie kwart van de totale waarde. Veelal betekent dit de dood van het familiebedrijf.

Ik denk niet dat de opbrengsten voor de staat in een juiste verhouding staan tot de vernietiging van iets wat door ondernemerschap werd opgebouwd. Om de successie te kunnen betalen of zelfs helemaal te kunnen ontlopen, zal de familie vaak het bedrijf verkopen, en meestal aan een groter bedrijf. Na enige jaren van rationalisaties en samenklontering, verlies aan bedrijfscultuur en overname van de leiding door 'buitenstaanders', is er van het oorspronkelijke bedrijf niet veel meer over.

Het voordeel van de staat bij overerving is het nadeel van de familie. Deze erfenis van Napoleon – de zware heffing op overerving gekoppeld aan het wettelijk recht van elk kind op zijn deel – werd bedacht om de grote macht van de Franse landadel te breken, en staat in een aantal West-Europese landen inmiddels terecht ter discussie. In verscheidene landen wordt de mogelijkheid bekeken om de successierechten op investeringen in het eigen bedrijf te verlagen. In landen als België, Oostenrijk en Groot-Brittannië is de vermogensbelasting afgeschaft terwijl bovendien een groot deel van dat vermogen kan worden overgedragen op de kinderen zonder dat er successierechten betaald hoeven te worden. In Nederland gebeurt vooralsnog niets, ons land loopt achter.

De overheid gebruikt de uit successie verkregen gelden om de werkgelegenheid te stimuleren, die ze net heeft afgebroken.

Niet alleen in geval van overlijden maar ook als er sprake is van overdracht van eigendom in een familiebedrijf speelt de fiscus een absurde rol. Bij verkoop van aandelen op de beurs zijn de kapitaalswinsten onbelast. Maar als de aandelen in een familiebedrijf te gelde worden gemaakt, is de winst van die transactie wel belastbaar. Dat is een situatie waar de verantwoordelijke politici allang geleden iets aan hadden moeten doen. Dat is tot op heden niet gebeurd. Misschien wel omdat een goede lobby van ondernemer-eigenaars tegen dit onrecht ontbreekt. Waarschijnlijk zijn ze te druk met hun bedrijf.

Met het ineenschrompelen van Nederland tot een provincie van Europa kunnen de regelingen in het vaderlandse belastingstelsel aangaande overdracht en opvolging wel eens een onbedoeld neveneffect krijgen. De fiscus is in de ons omringende landen zowel op papier als in de praktijk actief om een ondernemersvriendelijk klimaat te scheppen. Ik denk dat de ondernemer, die zijn onderneming niet zomaar naar het offerblok van de fiscus wil laten leiden, de komende decennia de optie van verhuizing naar een ander land zal gaan bestuderen. Die mogelijkheid mag niet onbesproken blijven als een bedrijf serieus nadenkt over het voortbestaan en het behoud en groei van het familievermogen. Misschien kunnen dergelijke ontwikkelingen de overheid inspireren tot een belastingstelsel dat de concurrentie met de fiscale regelingen van de ons omringende landen aankan.

Gebeurt dat niet, dan voorspel ik dat geld én talent weg sijpelt uit ons land.

GEVAAR NUMMER 2: DE FAMILIE

Want de zoon veracht de vader,
de dochter staat op tegen de moeder
de schoondochter tegen de schoonmoeder
je vijanden zijn je familieleden. (uit de Bijbel)

De tweede bedreiging voor een familiebedrijf is de Familie. Ik denk dat ondernemers in de dagelijkse strijd om de klant en de winstmarge nog weleens te kort schieten in hun aandacht voor de familieleden/aandeelhouders. Deze moeten op een grote mate van openheid en belangstelling kunnen rekenen, meer nog dan de aandeelhouders van een aan de beurs genoteerd bedrijf. Openheid en discussie zijn noodzakelijk omdat de aandeelhouder in een familiebedrijf zijn aandeel niet gemakkelijk van de hand kan doen. De aandeelhouder van een beursgenoteerd bedrijf kan na vervelende berichten, slechte voortekenen, gewijzigde persoonlijke omstandigheden, de beoogde aanschaf van een huis, auto of wat dan ook zijn aandelen direct te gelde maken. De mede-eigenaar van een familiebedrijf kent die luxe niet. Dat vraagt om wederzijds begrip en erkenning van elkaars positie. Evenals bij het beursbedrijf zal er in het familiebedrijf weleens iets misgaan. Het vroegtijdig melden van zaken, discussiëren, openstaan voor suggesties kan helpen ruzie te voorkomen.

Familiebedrijven gaan wellicht vaker ten gronde aan familiekwesties dan aan puur bedrijfseconomische ontwikkelingen. Een ruzie in de top kan dodelijk zijn voor het bedrijf, niet zozeer vanwege de aard van het meningsverschil als wel omdat er snel kampen van families zullen ontstaan, of kampen binnen families die als kemphanen tegenover elkaar komen te staan. In zo'n situatie wint de emotie het gauw van de rede. De SHV is vlak na de oorlog op het nippertje aan dit gevaar ontsnapt. Dat we nu nog bestaan, is, naar mijn mening, vrijwel geheel te danken aan het ondernemerschap van de partijen die toentertijd bij het conflict waren betrokken: D.G. van Beuningen, F.H. Fentener van Vlissingen en zijn zoon J.M., mijn vader.

Toen de meningsverschillen zo groot waren dat een oplossing uitgesloten leek, kozen alle drie de betrokkenen voor een pijnlijke, schrijnende, maar duidelijke oplossing. De familie Fentener van Vlissingen kreeg de overhand in SHV, Van Beuningen kreeg via een uitruil van aandelen het bedrijf Unitas in handen. Unitas was een grote succesvolle beleggingsmaatschappij, die opgericht was aan het begin van de eeuw en die vrijwel dezelfde aandeelhouders had als SHV. Deze oplossing voorkwam dat het conflict zou ontaarden in een eindeloze prestigestrijd, die het bedrijf toen al dreigde te verlammen en misschien wel het einde van de SHV had kunnen betekenen.

Het komt nogal eens voor dat het bedrijf wordt gezien als een sociale werkplaats voor familieleden. Het zal duidelijk zijn dat een familiebedrijf dat ook maar voor een ogenblik bloedgroep verwart met talent, zijn hele voortbestaan op het spel zet. Bij afwezigheid van familietalent – hopelijk tijdelijk, al weet je dat vooraf nooit zeker – is het beter om 'outsiders' een aantal jaren te laten besturen dan om de middelmaat van de familie het roer in handen te geven.

Hoe herken je talent in eigen familiekring? Door jongeren de kans te geven eerst een aantal jaren – vijf à tien – elders te werken. Bloedneuzen en fouten worden dan in een objectieve omgeving verwerkt. Duidelijk kan worden of er talent is in een omgeving die geen familieverbanden kent, of er carrière gemaakt wordt. Er drukt geen stigma voor later, bij het debuut in het bedrijf kan de nieuwkomer al tegen een stootje. Zo'n aanpak is niet alleen goed om talent in een objectieve omgeving tot ontplooiing te laten komen, het is bovendien humaan. Een carrière die buiten het familiebedrijf is begonnen, geeft zelfvertrouwen over de eigen capaciteiten. En ook anderen weten dat de nieuwkomer zijn sporen elders al verdiend heeft en niet uitsluitend vanwege zijn bloedgroep een positie heeft bereikt.

Er is nog een reden waarom dit 'buiten de deur starten' goed is. Een familielid dat in het familiebedrijf gaat werken, loopt een drievoudig risico: als het misgaat, gaat dat ten koste van zijn inkomen, zijn vermogen en zijn verhoudingen met de eigen familie, die voorgoed kunnen bederven. Een keuze voor het familiebedrijf die gemaakt wordt vanuit een ander bedrijf, geeft deze zaken allemaal scherper aan. Dat komt bedrijf en persoon ten goede.

Wat te doen als er geen talentvolle opvolger uit eigen ge-
lederen klaarstaat? De kans is dan groot dat een familiebedrijf naar de beurs gaat of elders verkoopt, zodat de familie de leiding uit handen geeft en daar geld voor terug-
krijgt. Maar: geld heeft vleugels en het is rond – het rolt
en vliegt weg.

Er is nog een andere mogelijkheid om de leiding van
een familiebedrijf over te dragen zonder het bedrijf uit
handen te geven. De verantwoordelijkheden worden verdeeld tussen een raad van commissarissen en een directie.

Als het bedrijf niet al te klein is, kunnen afspraken worden gemaakt tussen het professionele management en de
eigenaars, waarin de hoofdlijnen van beleid, het uitke-
ringspercentage van het dividend, de balansverhouding
en dergelijke worden vastgelegd. De raad van commissarissen, waarin de familie is vertegenwoordigd, ziet toe op
de naleving van die afspraken.

Vroeger dacht ik dat dit soort constructies niet zou
werken. Je gaat immers van professionele managers verwachten dat ze voeling opbouwen met een familiebedrijf
zonder dat ze zelf deel uitmaken van die familie. Anderzijds verwacht je in zo'n relatie dat de familie het dagelijks beheer (en dus een deel van de verantwoordelijkheden) overdraagt aan een buitenstaander die weer kan opstappen wanneer hij (of zij) dat wil. Terwijl de familie
niet zomaar kan opstappen, ook niet – juist niet! – als het
slecht gaat.

Maar sinds ik een paar voorbeelden ben tegengekomen
in de praktijk, waarbij het al meer dan een generatie
werkt, zoals bij onze Duitse partner Haniel, denk ik dat

het een aardig alternatief is voor het verkopen van het bedrijf. Beide kanten zullen in zo'n relatie rekening moeten houden met een paar specifieke gevoeligheden. De familie zal eraan moeten wennen zich niet met de dagelijkse leiding te bemoeien (al kan die verleiding soms heel groot zijn), terwijl de professionele managers-van-buiten er begrip voor moet leren opbrengen dat ze werken met het bezit van mensen die dat niet zomaar ten gelde kunnen maken, die er niet zomaar van de ene dag op de andere kunnen uitstappen, die een grote emotionele binding hebben met dat bedrijf. Immers: in een familiebedrijf van redelijke omvang zal de verhandelbaarheid van de aandelen in principe beperkt zijn tot de kring van de familie. Vaak draagt het bedrijf de familienaam.

De speciale sfeer van de besloten onderneming vraagt om behoud van het intieme karakter. De verkoop van aandelen in een familiebedrijf vergt een financieel offer, want de markt van deze aandelen wordt, met de zeis van de fiscus altijd in de buurt, niet gekenmerkt door een overvloed aan kopers.

Gelukkig beseffen veel families dat geld alleen ook in dit opzicht niet gelukkig maakt. Geld verdampt, het is beter te kiezen voor een bedrijf dat elk jaar opnieuw weer geld produceert, in de vorm van dividend. Slechts in uiterste gevallen – overlijden, ruzie, gebrek aan opvolging – zullen de bestaande structuren en afspraken aangepast moeten worden. Bij SHV hebben we enige tientallen jaren geleden gekozen voor een vorm waarbij de raad van commissarissen en de directie grotendeels zijn samengesteld uit niet-familieleden. De keuze van bestuurders op basis van voortreffelijkheid zorgt ervoor dat de ramen verder worden opengezet en het landschap anders wordt bekeken. Er is één voorwaarde: je krijgt pas de beste mensen voor dergelijke posten als ze voor vol worden aangezien.

Daarom is een perfecte informatiestroom van feiten, cijfers en gevoelens absoluut noodzakelijk en dient het overleg diepgaand en open te zijn, waarbij de familie ruimte schept voor de eigen inbreng van niet-familieleden.

Een familiebedrijf kan vijf, tien, twintig jaar ver kijken en zich afvragen: waar willen we dan zijn? Met welke partners? Dan staat de meetbare groei van het bedrijf niet voorop, maar de levensvatbaarheid op de lange termijn.

Het heeft iets heel prettigs om te kunnen werken voor een zaak waar je trots op kunt zijn. Zo'n emotionele band is in een familiebedrijf beter te verwezenlijken. Bovendien zal een familiebedrijf niet zo gauw gebukt gaan onder de 'grandeur van zichzelf'. Tachtig procent van de ondernemers in Nederland komt nooit in de krant. Ze zijn volop bezig met hun zaken.

Ten slotte nog dit: het familiebedrijf is het beste gediend als de familie het bedrijf dient. Het gaat ten gronde als het bedrijf de familie moet dienen.

3

De 'most unsexy business in the world' – en toch:
een beetje verliefd

Doe maar gek,
dan doe je gewoon genoeg.

De mens wordt voortgestuwd tot beweeglijkheden, verandering. We investeren er tijd en energie in: niets blijft
hetzelfde, alles verandert voortdurend, is steeds in beweging. De meeste veranderingen hebben stapje voor stapje
plaats, op kleine schaal, maar al die kleine stapjes over-
bruggen samen een enorme afstand, een grote kloof.
Oude landkaarten en foto's laten ons de verstilling zien
van die menselijke beweeglijkheid op een bepaald moment in een ver verleden: Dordrecht helemaal in het water, geen IJsselmeer maar Zuiderzee, een Rotterdamse
haven zonder kranen. Als we elke morgen in de spiegel
kijken, zien we niet dat we veranderen, dagelijks bedrog.
   Een bedrijf moet voortdurend investeren in beweeglijkheid, verandering, anders gaat het ten gronde. Een Rotterdamse haven zonder kranen zou allang geleden gesloten zijn. Producten veranderen en verouderen, moeten
vernieuwd worden. Het oude heeft snel afgedaan, is niet
boeiend, trekt niet de aandacht. Het nieuwe daarentegen
lokt: de mens wil zijn energie kwijt en het liefst in iets wat
vernieuwend is. De mens is kennelijk meer gemotiveerd
om het nieuwe te ontwikkelen dan om het oude en ver-
trouwde voort te zetten. Ook geschiedkundigen en ar-

cheologen zijn voortdurend op zoek naar het nieuwe in het oude.

Jaren geleden liep ik eens over dit verschijnsel te filosoferen. Als iedereen voortdurend bezig is met het nieuwe, zijn er dan kansen voor een ondernemer die met goede mensen juist investeert in het 'oude', het verleden? Stel je eens voor, peinsde ik, dat jonge, gemotiveerde mensen de leiding zouden krijgen van ouderwets gedachte activiteiten, in het jargon 'mature companies' geheten. Deze bedrijfstakken worden wellicht gemeden door gemotiveerde jonge en ambitieuze ondernemers. Die richten zich immers liever op 'sexy business', waarmee niet alleen veel geld te verdienen is maar vooral ook aanzien, roem, bekendheid, een briljante carrière.

Als je in zo'n ouderwetse, beetje suffige bedrijfstak opereert met jong, ambitieus en excellent management, ontstaat dan wellicht een winnende combinatie? Het leek ons de moeite waard dat eens uit te zoeken.

Een jaar of tien geleden besloten we dat het verstandig zou zijn SHV naast het Makro-been van een tweede poot te voorzien. Niet omdat dit gemakkelijker loopt, maar het helpt wel als het met dat ene been misschien eens een poosje wat minder goed gaat. We gingen ons oriënteren op de markt.

We waren bij nogal wat activiteiten betrokken, er was bovendien op dat moment nogal wat te koop, we konden kiezen. Het werd uiteindelijk de markt voor vloeibaar gas, door een kennis van me eens heel toepasselijk 'the most unsexy business in the world' genoemd. Vloeibaar gas stinkt, het is gevaarlijk, je zit met allerlei veiligheidsvoorschriften, het is geen groeimarkt. Gas is ouderwets, het heeft niks te maken met computers of chips, in verscheidene landen wordt de prijs gecontroleerd door de overheid, kortom; legio bezwaren, hindernissen en onaantrekkelijkheden.

Voordelen waren er echter ook. In Europa was op dat moment een flink aantal kleinere zelfstandige LPG-bedrijven actief. We zijn die bedrijven gaan bekijken, en wat bleek? Ondanks het feit dat sommige nogal ouderwets werden gerund, maakten ze wel allemaal winst.

Bovendien hadden we van vloeibaar gas bij SHV behoorlijk wat kennis in huis omdat we sinds 1957 een klein gasbedrijf in Zutphen hebben en daarna ook belangen opbouwden in PAM in Oostenrijk (1959), in Duitsland (1960) en in België (1966). We wisten dat de cash flow van gasbedrijven uitstekend is, en dat de oliemaatschappijen het vloeibaar gas wat stiefmoederlijk behandelen. Begrijpelijk, want in percentages van de totale output van oliemaatschappijen neemt het gas slechts één tot twee procent voor zijn rekening. Het is niet vreemd dat oliemaatschappijen niet hun beste mensen 'op de gasflessen' hebben zitten. Zelfs al zouden ze dat anders willen, het is nu eenmaal een feit dat een mooie carrière bij een oliemaatschappij niet via de gasflessen loopt.

Zou die ouderwetse, verzadigde markt van zo'n tien jaar geleden met een wat ingedutte sfeer juist niet kansen bieden? De heersende prijscontroles zouden een aardige basis kunnen zijn voor overnamegesprekken, terwijl je je moest afvragen of die prijsbeheersing door de overheid in de toekomst van een verenigd Europa wel zou kunnen blijven voortbestaan. Is het feit dat LPG zo totaal 'unsexy' is niet juist een voordeel? Is het goed leiden van een bedrijf in een rijpe markt niet omgeven met een aantal voordelen, zoals minder agressieve concurrentie, een goed beschermbare geldstroom? In de wetenschap dat de technische levensduur van de flessen de economische verre overtreft, zodat je soms met geringe extra kosten statiegeld kunt innen terwijl de fles al afgeschreven is? En kunnen de gestorte bedragen aan statiegeld niet zorgen voor een aantrekkelijke, kosteloze financiering van de fabricage van nieuwe flessen?

Vragen, vragen, vragen. Alle voors en tegens werden doorgenomen: het ging om flinke investeringen en de onderhandelingen zouden veel geduld vergen. Hadden we de mensen in huis die dit soort onderhandelingen aankonden?

We waren pas gereed om tot handelen over te gaan nadat iedereen binnen SHV op dezelfde lijn zat. Dat proces – om alle neuzen dezelfde kant op te krijgen – is de verantwoordelijkheid van de baas. Niet middels bevelen maar door overtuiging en uitstraling moet het team gaan geloven in het project. Dat is een onzichtbare maar cruciale fase in het besluitvormingsproces: heel veel is bereikt als iedereen erin gelooft, niets als velen aarzelen. Er zijn vele wegen die naar Rome leiden; van belang is niet dat de juiste weg gekozen wordt, maar dat allen op dezelfde weg lopen.

SHV ging op kousenvoeten in de gasflessen. Geen lawaaiige intree op de markt, geen spectaculaire overnames, maar geleidelijk, stukje bij beetje, met overtuiging in plaats van agressie. In 1982, zestien jaar na onze laatste stap in het vloeibaar gas, kregen we een belang in het Franse Primagaz. In 1987 kregen we een meerderheidsbelang in het Italiaanse Novogas en in datzelfde jaar tevens in Calor Gas, echt een 'household name' in Engeland. Dat ging via een *reverse take over*: we kochten ons in met een bedrijfsonderdeel dat ze wilden hebben. In feite deden we hetzelfde met Primagaz in Frankrijk: ook hier een bekend bedrijf dat we iets aantrekkelijks konden bieden waarmee we ons een belang konden verwerven. We verwierven onze positie in LPG niet met macht en kracht, maar dankzij een soort gezond zakenverstand, zoekend naar zakelijk voordeel voor alle partijen.

Daarna volgden acquisities en uitbouw in Denemarken, Turkije, de 'neue Bundesländer', Marokko, Polen, Slowakije en Hongarije. In tien jaar tijd bouwden we een LPG-bedrijf op dat anno 1995 tot een van de grootste in Europa mag worden gerekend. De cijfers van de gaspoot zijn opvallend goed: de winsten zijn inmiddels gestegen tot een derde van het SHV-totaal. De omzetcijfers zijn gestegen van 1,9 miljoen ton gas in 1989 naar ruim 3,3 miljoen ton in 1995.

De groeimogelijkheden zijn interessant: we gaan ons nu richten op de mogelijkheden buiten Europa, waar flessengas niet zozeer wordt gebruikt voor de verwarming, maar om op te koken. Azië en Zuid-Amerika bieden goede kansen. In sommige landen wordt drie keer per dag warm gegeten en het hout, de traditionele energiebron, raakt op. Daarbij komt dat flessengas goed te vervoeren is. Inmiddels lijkt de concurrentie wakker te zijn geworden en zien we haar actiever optreden. Bij overnames of privatiseringen worden inmiddels prijzen geboden die wij te hoog vinden. De gouden opbouwtijd is voorbij, maar gelukkig inmiddels wel gerealiseerd.

Dit toont aan dat het ouderwetse in onze zichzelf voortstuwende samenleving soms een onverwachte charme heeft en bijzondere nieuwe kansen biedt. De warme bakker – nog niet zo lang geleden bijna weggevaagd door de broodfabrieken – bewijst het: de ambities van een nieuwkomer kunnen evengoed en misschien zelfs beter worden beloond in een 'ouderwetse', 'rijpe' markt dan op een moderne, snelgroeiende en zeer sexy markt. Eenheid van doel, visie en strategie bereik je alleen als het bedrijf veel tijd steekt in zijn mensen.

Bij SHV Utrecht staat voorop dat we mensen erbij willen betrekken. Voor het begin van de inval in Normandië,

D-Day, besteedde veldmaarschalk Montgomery heel veel tijd aan het toespreken van zijn manschappen. Hij stond minstens dertig keer voor een groep van duizenden soldaten, hij sprak er in totaal meer dan een miljoen toe. Als je een nieuwe strategie wilt ontplooien, is het van wezenlijk belang dat iedereen die erbij betrokken is, gemotiveerd is en hetzelfde doel voor ogen staat. Dat bereik je niet via memo's, rapporten of oekazes, dat lukt alleen rechtstreeks, via oogcontact, gesprekken, en uitwisseling van ideeën. De baas moet dit zelf doen, zo krijgt het plan een gezicht. Gebeurt het goed, dan ontstaat in de ideale wereld het 'watervaleffect', waarbij managers op dezelfde manier hun plannen bespreken met diegenen die weer aan hen rapporteren enzovoort.

Mijn belangrijkste bijdrage bij de opbouw van onze gaspoot was het inspireren van de mensen tot het idee, het overtuigen van de twijfelaars, het enthousiast maken van de onderhandelaars, de cijferaars kritisch maar positief te laten denken. De uitvoering van de strategie komt echter volledig op het conto van onze mensen, die in tien jaar met een hartverwarmende inzet iets bijzonders konden opbouwen.

'ALLES GOED EN WEL, MAAR WE DOEN HET TOCH'
HET ONTSTAAN VAN DE MAKRO

In een samenleving die zich na de Tweede Wereldoorlog heeft ontwikkeld tot een consumptiecultuur, is niet alleen de productie van goederen maar meer nog een efficiënte distributie belangrijk. Het trieste maar duidelijke bewijs van die stelling is te vinden in ontwikkelingslanden, waar in principe alle goederen en voedsel te leveren zijn maar de distributie faalt. Hoe lager het ontwikkelingspeil van een land is, des te hoger zijn er de marges en kosten van distributie en des te slechter werkt alles.

Met het verschijnsel van de Makro haalde SHV een distributiesysteem in huis dat zijn tijd ver vooruit was. Het is bedacht door Otto Beisheim in Duitsland, in het midden van de jaren zestig. Een paar elementen die ons nu heel logisch voorkomen, vormden de essentie ervan: een vorm van distributie aan een geselecteerd publiek van ondernemers middels de zelfbedieningsformule, contante betaling en een uitstekende bereikbaarheid met de auto. Dat concept week af van de tot dan toe gebruikelijke vorm van groothandel, waarbij het draait om aflevering van de goederen bij de koper en de mogelijkheid om op rekening te kopen. De mengeling van groothandelverbruik met een distributiemethode die tot dan toe was voorbehouden aan kleinverbruik (de zelfbedieningsgedachte), was uniek. Beisheim vond een Duitse partner in Haniel, een familiebedrijf waarmee wij al generaties lang samenwerken en dat nog is gesticht onder Frederik de Grote in 1756.

Het toeval wilde dat Albert Schuitemaker, weer bij SHV teruggekeerd na te zijn 'weggeweest', kennis meebracht over dit distributiesysteem. Hij wist dit met veel enthousiasme binnen SHV aan de orde te stellen. Het feit dat Haniel SHV al generaties goed kende, bracht deze ertoe aan de heer Beisheim te zeggen dat hij nu de kans had met de 'Könige von Holland' zaken te doen.

In 1968 lieten we een haalbaarheidsonderzoek doen door een groot extern bureau. De resultaten waren zonneklaar: niet doen. Volgens het onderzoek zou er voor heel Nederland maar één enkele vestiging nodig zijn en daarmee was het onhaalbaar om een rendabel bedrijf op te zetten. Wie zou zoiets dan nog willen riskeren? Zeker niet een bedrijf dat aan de beurs genoteerd is. Geen enkele directeur zou daar zijn positie mee op het spel willen zetten. Maar in een familiebedrijf als SHV lag dat anders. Mijn vader zei: 'Alles goed en wel, maar het zijn onze centen en we doen het toch!'

De Makro-formule bleek in Europa, Zuid-Afrika en Zuid-Amerika goed aan te slaan. Dus trokken we met onze distributieformule de oceaan over en gingen aan de slag met Makro USA. Dat project mislukte. Waarom? Het cultuurverschil is groter dan je zou denken. We spreken weliswaar Engels en kleden ons min of meer hetzelfde, maar dat wil nog niet zeggen dat we de Amerikanen ook werkelijk begrijpen. Zij ons evenmin, trouwens. Bij een Chinees ga je er direct van uit dat er een groot verschil in cultuur is, daar hou je rekening mee en je probeert elkaar te begrijpen zo goed als mogelijk is. Om de een of andere reden zien we die kloof bij Amerikanen niet, terwijl die er wel degelijk is.

Hoe dan ook: we stuurden er ons eigen team van mensen op af dat de Makro USA ging opzetten naar het model van Makro Benelux. Het werkte niet. Onze allerbeste Makro-mensen probeerden het met grote persoonlijke inzet nog eens. Het werkte niet. We verloren er omgerekend zo'n honderd miljoen gulden mee. Daar hebben we heel veel van geleerd. Om te beginnen deed het ons het cruciale belang inzien van een lokale partner.

In Europa was het Makro-concept van distributie jarenlang een vreemde eend in de bijt. In Amerika was dat niet anders. Onze aanvankelijke beoogde partner haakte direct al af omdat die niks zag in een combinatie van groothandel en kleinverkoop, 'wholesale' en 'retail', niets in het combineren van food en non food onder één dak. Achteraf blijkt dat de meest revolutionaire ontwikkeling in de distributie te zijn van na de Tweede Wereldoorlog.

Jaren na onze mislukking in de Verenigde Staten hebben Amerikaanse bedrijven het concept van onze Makrovestiging in Amsterdam gekopieerd, een kwartslag gedraaid en als de WholesaleClub in dat land geïntroduceerd. Het is daar een groot succes geworden, kennelijk was de kwartslag essentieel voor de levensvatbaarheid van de formule.

Peinzend vraag ik me weleens af hoe alles gelopen zou zijn als we zelf het succes in Amerika gevonden zouden hebben. Maar juist omdat we van onze ervaringen daar leerden, deden we het in Azië anders en beter. In die zin was het fiasco van Amerika de moeder van een nieuwe aanpak. Zo gaat het: de miskleun en het geluk zijn vader en moeder van het succes.

4

De partners van SHV

Onze deals bij SHV lijken misschien ingewikkeld,
maar dat komt omdat ze ongebruikelijk zijn.
(Interview *Financial Times*, 1989)

Ondernemen in de distributie – zoals Makro – wordt
moeilijker naarmate de cultuur verder afstaat van die van
ons. Je moet als Nederlands bedrijf in een ver land een
goede vriend hebben, iemand die je kunt vertrouwen en
die er zelf ook baat bij heeft dat het goed gaat met het bedrijf. Een partner kan je helpen problemen te overwinnen
en behoeden voor blunders. Het debacle met de Makro in
de Verenigde Staten was de laatste keer dat we in het buitenland zonder een lokale partner Makro's zijn gestart.
We hebben onze les geleerd.

Bij het zoeken naar een partner met wie we in het buitenland zaken kunnen doen, gaat het nooit alleen om
geld. Dat kunnen we van de banken ook krijgen. Het gaat
om de ontwikkeling van een groep mensen. Als je grote
bevoegdheden en ook verantwoordelijkheden op het niveau van het lokale management neerlegt – het pannekoekmodel –, dan vergt dat een heel specifieke bedrijfscultuur waar je jaren aan moet bouwen. Het lokale management moet leren dat het hoofdkantoor er niet is om
hun problemen op te lossen; dat zullen ze zelf moeten
doen. Zij zijn het die in de plaatselijke cultuur werken.

Wie eigenaar wordt van de problemen, wordt uiteindelijk ook eigenaar van de oplossingen, en daar gaat het om. We koesteren niet de illusie dat we vanuit het hoofdkantoor in Utrecht management dat over de gehele wereld verspreid zit, kunnen vertellen hoe het allemaal moet.

Gelukkig heeft SHV een generaties oude cultuur van samenwerking met partners opgebouwd van wie we nog steeds veel profijt hebben. Samenwerken met lokale partners is niet iets wat alle bedrijven even goed afgaat, zeker Amerikaanse niet. De omgang met een partner kun je omschrijven als weinig wetenschap, veel flexibiliteit, een grote mate van kunst en van tijd tot tijd liefde. Omgang met partners is niet goed in te voeren als het bedrijf er niet specifiek op is ingesteld. Om goede en talrijke partnerrelaties te hebben moet een bedrijf over een aantal dingen beschikken: een zeer plat organisatiemodel met korte lijnen om vanuit de top rechtstreeks met de partners te kunnen omgaan (het al genoemde pannekoekmodel), een plaatselijk management dat de bevoegdheden en de capaciteiten heeft om de plaatselijke problemen met de partner zelf te behandelen en op te lossen, en tot slot een onbetwistbare integriteit. De rol van de partners is bij SHV tevens belangrijk als verschaffer van eigen vermogen waarmee wij kunnen ondernemen. Misschien nog belangrijker dan dat is de rol van de partner als raadgever en vriend in een ver en vreemd land.

De samenwerking is vruchtbaar, zowel voor SHV als voor de partners. Zonder de partners – momenteel zijn dat er naast de groten, zoals de beurzen in de verschillende landen, zo'n dertig – was SHV een totaal ander bedrijf geweest.

Juist omdat SHV een familiebedrijf is dat al vele generaties bestaat en sterk de nadruk legt op continuïteit, traditie, progressieve opvattingen, betrouwbaarheid en kwaliteit, hebben we kansen boven de verzakelijkte, geabstraheerde en ontmenselijkte, publiekelijk gefinancierde bedrijven.

VERRE VRIENDEN

Wie zijn onze partners, hoe zijn ze dat geworden, hoe zijn we eraan gekomen? De beginfase van een vestiging, de periode waarin een bedrijf wordt opgestart, vraagt allerlei snelle beslissingen, die niet allemaal even rationeel zijn, waarbij je een zeker vertrouwen moet hebben in je eigen oordeel, een beetje intuïtie. Het begint ermee dat we mensen naar een bepaald land sturen om daar een beetje rond te snuffelen. Daar hebben we er bij SHV een stuk of tien van. Die maken een analyse en komen met een lijst van namen van geschikte kandidaat-partners.

Dat zijn geen potentiële geldschieters, maar een ondernemer die in dat land een goede reputatie heeft. Het is geen bedrijfje dat net door een nieuweling is opgezet maar een onderneming met een al wat oudere traditie, die zijn wortels in de samenleving heeft. Zo'n lijst met namen wordt doorgepraat en uiteindelijk blijven er twee of drie over. Dan wordt met die mensen overlegd over de mogelijkheid tot het oprichten van een joint venture. Het gaat niet over de cijfertjes en de concrete vraag hoe zo'n samenwerking er precies tot in de details uit zou moeten zien, maar om de chemie, het wederzijdse gevoel van de mogelijke toekomstige partners.

Op het moment dat onze mensen twee of drie kandidaten hebben gevonden met wie we een partnerschap zouden kunnen starten, moet de baas er zelf naartoe, waar ter wereld dan ook. De partnerkeuze is zo belangrijk dat de hoogst verantwoordelijke zelf mee moet helpen aan de toetsing. De toekomstige partner heeft daar recht op, terwijl de eigen organisatie 'van het hoogste gezag' een goedkeuring als positief ervaart. Is de baas tevens een familielid, dan heeft de partnerkeuze nog meer gewicht, omdat het samen iets doen met een derderangs bedrijf een ongunstige uitstraling zal hebben op activiteiten en familie. Kwaliteit – hoe verschillend in cultuur ook – is noodzakelijk.

Mijn gesprekken met de aspirant-partners gaan niet meer specifiek over de zaken, daarover hebben anderen al uitvoerig van gedachten gewisseld. Ze gaan over onderwerpen van algemeen belang en persoonlijke interesse, de grote lijnen van het bedrijf. Dat kan weleens een paar dagen duren. Hoe zit die partner in elkaar? Waarin is hij geïnteresseerd? Die gesprekken kunnen over van alles gaan: over de vraag wat het betekent dat Madonna naar China komt en in India is geweest, over de invloed van de Chinese cultuur op het westers denken, de ontwikkeling van de technologie in de wereld, de overbevolking, de visvangst met lange drijfnetten. Met partners praat ik over hobby's, familie, tradities binnen het bedrijf, en vooral natuurlijk het patroon van waarden en normen in het bedrijf. Om te zien hoe ze er als mensen en als ondernemers uitzien.

Dat wil niet zeggen dat ons calvinistisch, Noord-Europese oordeel de meetlat moet zijn waarlangs we onze partner leggen. Het betekent wel dat je een idee krijgt over de betrouwbaarheid van je mogelijke toekomstige partner. Daar komt het uiteindelijk in essentie altijd op neer: of je de volgende morgen wakker wordt en bij jezelf denkt: ik kan die man of vrouw vertrouwen, of misschien toch niet helemaal.

Zo'n gesprek vindt plaats bij hen of bij mij thuis. De eigen omgeving laat meer zien dan een kantoor. Ik zeg ook altijd tegen een aspirant-partner: als u ook maar enige aarzeling over ons heeft, dan moet u het niet doen. Want we gaan ongetwijfeld genoeg commerciële moeilijkheden tegemoet. Bij twijfel helpt u ons beiden door er niet aan te beginnen. Het is heus niet zo eenvoudig om in een nieuw land met een totaal nieuw concept te beginnen en een bedrijf op te starten. Dan moet je niet als eerste steen de twijfel metselen.

Wat kandidaat-partners natuurlijk altijd al hebben gelezen of anders van mij overhandigd krijgen is een exemplaar van onze bedrijfsfilosofie (zie hoofdstuk 19). Daarin worden ook menselijke waarden aan de orde gesteld. Partners willen daar altijd meer van weten. Je krijgt vragen als; het motiveren van mensen, hoe bedoelt u dat? Waarom vindt shv dat zo belangrijk? In onze bedrijfsfilosofie staat ook: 'We will smile.'

'Interessant,' zegt zo'n man dan, 'waarom heeft u dat erin gezet?' Over dat soort dingen heb je dan een gesprek. Als het klikt en als je eigen mensen, die soms al een paar maanden met het bedrijf in contact staan, ook enthousiast zijn, dan heb je een nieuwe partner.

Dat lijkt allemaal misschien wel heel behoedzaam, en dat is het in wezen ook. Want als er eenmaal sprake is van een partnerschap, dan is het niet meer zo gemakkelijk dit open te breken. We hebben natuurlijk altijd de mogelijkheid ingebouwd dat onze partners kunnen terugtreden maar heel eenvoudig is dat niet. Het aandeel van de partners in het bedrijf wordt dan meestal eerst aan ons aangeboden en in de regel kopen we dat terug. Dat gebeurt overigens zelden. We hadden bijvoorbeeld een partner die zijn geld uit de Makro's wilde halen omdat hij zijn eigen fabrieken wilde versterken. Dat was zijn hoofdactiviteit. Hij zei na een jaar of zes, zeven: ik wil weer weg. Dat was natuurlijk begrijpelijk. Het deed ons beiden genoegen dat hij er goed aan had verdiend.

Het wezen van zo'n partnerschap is niet in een contract vast te leggen. De persoonlijke verhouding tussen mensen is vaak de pijler van het vertrouwen. In die relatie dient de top van een bedrijf veel energie te steken. Een persoonlijke houding heeft als nadeel dat die vanzelfsprekend slechts tijdelijk kan zijn. Ook ondernemers zijn sterfelijk – al denken ze soms van niet. Het is de cultuur van het aanvoelen van partnerships die in ons bedrijf veel bijdraagt aan de ontwikkelingen op lange termijn.

Dat is een sterke band, zoveel dieper dan de relaties die je legt via de beurs met tijdelijke financiers. Daarmee – het leggen van dergelijke strategische verbanden over de gehele wereld met ondernemers en ondernemersfamilies – heeft SHV iets wat niet onderhevig is aan de mode van de dag. Een Amerikaans beursgenoteerd bedrijf moet elk kwartaal met cijfers komen die breed worden uitgemeten en direct hun neerslag hebben op de koers – ook de financiële waarde van het bedrijf – en op het imago van de onderneming maar vooral toch van diezelfde directie.

Bedrijven als Haniel of SHV hebben het niet over kwartaalcijfers. Wij denken en praten in jaren, decennia. Hoe zullen we dat rond de eeuwwisseling aanpakken? Hoe gaat nou de ontwikkeling van de Makro, van de kolenhandel, het kolentransport? Zou de tunnel onder het Kanaal nog gevolgen hebben? En welke dan? Hoe kunnen we daarop inspelen? Wat gaan we samen doen, en voor welke initiatieven moeten we andere partners vinden... Dat zijn de gesprekken die wij voeren. Ik kan me niet herinneren dat ik met onze partners ooit een gesprek heb gevoerd over de halfjaarcijfers.

Amerikaanse ter beurze genoteerde bedrijven bespreken die lange termijn niet, die kijken niet over het randje van de horizon. Ze hebben altijd heel korte actieprogramma's nodig. Er is in de Verenigde Staten niemand werkelijk geïnteresseerd in wat er over vijfentwintig jaar gaat gebeuren. Dan ben je alweer zoveel presidenten en presentaties van kwartaalcijfers verder... Er wordt een lont aangestoken, de knal moet heel snel komen. Iets wat eindeloos loopt en eindeloos bediscussieerd wordt, wat met veel geduld jarenlang wordt uitgebouwd, dat is niet des Amerika's.

Daarom denk ik ook dat de grote kansen voor het Europese bedrijfsleven in Azië liggen. Daar is de volksaard hetzelfde: het oog is gericht op de lange termijn. China mag dan wel de bakermat zijn van het vuurwerk, met economische voetzoekers en korte knalbommen kom je er daar niet. Wij Europeanen hebben in Azië veel meer kansen dan we momenteel grijpen. De Amerikanen komen daar voor mijn gevoel in een cultuurbotsing, wij veel minder. Dat voordeel zouden we moeten uitbuiten, al voorspel ik ook voor Europese bedrijven veel hindernissen.

SHV is een onderneming met strategische partnerrelaties, die zijn opgezet om ook mij en mijn opvolgers te overleven. Dat is bij onze voorouders gelukkig ook gebeurd.

SHV is een onderneming met aparte trekken.
(Het Financieele Dagblad, 1990)

5

A slow boat to China

Het handelshuis verkiest een tegendraadse beweging.
In de contramine zoekt het bedrijf zijn weg.
Onverstoorbaar. Als de introductie van Makro in
Thailand van alle kanten wordt ontraden zet SHV
door.
(Het Financieele Dagblad, 1990)

In ontwikkelingslanden zijn de eindproducten duur omdat de schakel tussen de producent en de consument zo
zwak is. Inefficiency, verkwisting, diefstal, corruptie en
verlies door bederf of slechte opslag zijn er schering en in-
slag. Hoe lager de economie van een land is ontwikkeld,
des te duurder is de distributie en des te hoger wordt de
prijs die de gebruiker voor het product op de markt moet
betalen. In landen met een slecht ontwikkeld distributiesysteem is het de normaalste zaak van de wereld dat een
product vier of vijf keer van eigenaar wisselt voordat het
de consument bereikt. Iedere tussenpersoon pikt vanzelf-
sprekend zijn graantje mee.

Wie denkt dat ontwikkelingslanden dit als een levens-
groot probleem ervaren en er graag iets aan willen doen,
heeft het echter mis. In de landen van het Afrikaanse con-
tinent, Azië en alle landen van de voormalige Sovjet-Unie
zou moderne distributie naar westers model een ware revolutie kunnen veroorzaken in een gestage betrouwbare

en efficiënte goederenstroom tegen een zo laag mogelijke prijs. De meeste landen geven in hun vergunningenbeleid echter de voorkeur aan westerse producttechnologie.

En dus worden overal in deze landen staal- en aluminiumfabrieken, raffinaderijen, petrochemische complexen en allerlei andere productiefaciliteiten neergezet die producten maken die vervolgens geëxporteerd moeten worden voor prijzen waarmee ze veelal de internationale concurrentie niet aankunnen.

De import van westerse distributietechnologie wordt echter belemmerd. Een veel gehoorde misvatting is de gedachte dat efficiënte tussenhandel naar westers model tegengegaan moet worden omdat 'ontwikkelingslanden dat zelf ook wel kunnen'. Ook wordt wel geargumenteerd dat moderne westerse distributiemiddelen ten koste gaan van de plaatselijke werkgelegenheid. Dat laatste is tot op zekere hoogte waar. Maar juist omdat er zoveel mensen werken in die primitieve tussenhandel en daarmee de prijzen veel te hoog worden opgedreven, komt de inflatie in een opwaartse spiraal als lonen eenmaal gaan stijgen. Als producten nodeloos duur zijn vanwege de hoge marges op de tussenhandel, is de consument meer geld dan nodig kwijt aan die producten. Er blijft dan minder over voor de aanschaf van andere goederen en diensten. Uiteindelijk zijn die hoge marges een rem op economische groei en werkgelegenheid.

Veel overheden echter begaan de zonde hun werkgelegenheidspolitiek kunstmatig te richten op – en te beperken tot een enkele bedrijfstak. Daarbij is het hemd veelal nader dan de rok: de economische sectoren waarin al veel mensen werkzaam zijn, krijgen alle aandacht. Nieuwe economische bedrijvigheid wordt over het hoofd gezien. Overheden zijn in hun werkgelegenheidsbeleid overwegend conservatief: ze richten zich vooral op het behoud van werkgelegenheid in plaats van het scheppen van nieuwe banen.

Daarbij hebben politici – waar ook ter wereld – behoefte aan projecten die ook zichtbaar zijn en veel prestige opleveren. Een verliesgevende, maar nieuwe en grote chemische fabriek doet het beter op televisie dan een vernieuwende en kostprijsverlagende maar 'glamourloze' distributiemethode als de Makro-formule. De vernieuwingen van deze formule zijn in verpakkingen, in de markt, maar ook in papierstromen te vinden. Zo heeft Makro in een aantal landen de overheid ertoe aangezet om nieuwe, op computers gebaseerde gegevens en systemen te gebruiken en hiermee soms de hele distributieketting te verbeteren.

De bevolking wil intussen zowel eten als toegang hebben tot de moderne westerse consumptiegoederen die ze kennen van de schoteltelevisie. Die consumptiegoederen – bijvoorbeeld de Nike sportschoenen – vinden uiteindelijk via illegale import (omkoperij van de douane is overal ter wereld een vruchtbaar werkterrein) en slechte distributiekanalen – hoge marges – een weg naar de snakkende consument. Die blijft, ondanks veel te hoge prijzen, vragen naar dergelijke producten.

Het kost ons vaak veel moeite landen die nog volop in hun economische opgang zitten, ervan te overtuigen dat een goed en goedkoop distributiesysteem van levensbelang kan zijn voor hun economische ontwikkeling. Zo zijn we al enkele jaren bezig om Makro-vestigingen van de grond te krijgen in Azië. Hele delen van dat werelddeel lijken wel een gigantische bouwput: er wordt enorm snel en veel gebouwd. De meeste aandacht gaat daarbij uit naar industriële productie en de verbetering van de infrastructuur: wegen, bruggen, huizen, havens.

We proberen de autoriteiten ervan te overtuigen dat

een distributiesysteem als de Makro veel voor het land kan betekenen: het maakt gebruiks- en consumptiegoederen voor lage prijzen beschikbaar voor juist die bevolkingsgroepen die actief zijn als ondernemer. Dat kan een goede accelerator zijn voor de economie op lokale schaal. Dat besef begint langzaam door te dringen, al moet je ook hier de verschillen in culturele achtergronden niet over het hoofd zien. Het gaat niet alleen om argumentatie en overtuigingskracht, ook speelt hier mee dat de Chinezen, en dat zijn in heel Azië de ondernemers, over het algemeen meer tijd nemen, geduldiger zijn. We komen op stoom, maar het is wel een 'slow boat to China'. En wellicht terecht: de sneltrein die de Sovjet-Unie dacht te nemen, staat intussen al een tijd te roesten op het baanvak.

Geduld is zulk een schoone zaak
Om in een moeielijke taak
Zijn oogwit uit te voeren;
Dit zag ik laatst in onze kat
Die urenlang gedoken zat
Om op een rat te loeren.
Zij ging niet heen voor zij den rat
Gevangen in haar klauwen had.
(Hiëronymus van Alphen)

PAS OP VOOR EEN NIEUWE VORM VAN KOLONIALISME. SHV OVER DE GRENS II: EXPATRIATES

Nederland is voor succesvolle bedrijven algauw te klein. Shell, Philips, Unilever, Akzo Nobel, SHV zijn voorbeelden van bedrijven die al vóór de Tweede Wereldoorlog op grote schaal actief waren in het buitenland. En waar je ook aan de gang gaat, je komt algauw een Nederlander tegen die er al zit en je behulpzaam wil zijn. Ook bedrijven als de hierboven genoemde geven elkaar en andere nieuwkomers steun in een soort informele Hollandse club.

Naarmate de wereld dankzij de informatietechnologie kleiner wordt en het opleidingsniveau in die verre landen verbetert, zal de behoefte aan en de speciale status van 'de blanke overzee' verdwijnen. Nu nog vinden we in vele landen *expatriates* die bij elkaar in bepaalde wijken wonen, samengeklonterd in een vreemde omgeving waarvan ze de taal niet machtig zijn. Dat zal een zeldzaamheid worden. Voorheen was het optreden vanuit een westerse cultuur aanvaard en misschien zelfs een voordeel. In de toekomst zal de expatriate manager juist succes hebben als hij zich in de lokale samenleving nestelt, als hij erin slaagt er deel van uit te maken, als hij of zij de expatriate kleren aan de kapstok hangt.

Nu is het nog zo dat in veel landen expatriates nodig zijn om bepaalde vakkennis ter plekke veilig te stellen. Bovendien is bij nieuwe vestigingen de expatriate ook nodig om zaken als de bedrijfscultuur, interne communicatiekanalen en bedrijfssysteem af te stemmen op dat van het moederbedrijf. Maar op den duur zullen de lokale medewerkers dankzij werkervaring en opleiding de achterstand inlopen. Na een, twee of misschien zelfs drie 'generaties' van expatriates moet het plaatselijke personeel de topfuncties overnemen. Daar is de interne organisatie bij SHV op ingesteld. Het hoofdkantoor moet op een bepaald ogenblik durven zeggen: 'U heeft een probleem? We wensen u veel succes bij het oplossen ervan, we willen er gaarne over van gedachten wisselen, maar u bent immers van het land, u kent de klant, u kent het klimaat, u kunt het oplossen – en overigens kunnen wij u de steun geven die mogelijk is.'

Om er toch voor te zorgen dat de lokale leiding straks de SHV-cultuur kent, vinden wij het zinnig hen een aantal jaren op het hoofdkantoor van de moedermaatschappij te stationeren. Niet alleen om daar de gezichten en gewoontes van de mensen te leren kennen, maar ook om zich de plaatselijke gebruiken en de informele regels eigen te maken die elke werkgemeenschap heeft.

Bij SHV hebben we nog niet zo lang geleden afgesproken dat iemand pas een 'BUM' (Business Unit Manager; de baas van een bedrijf van SHV) kan worden als hij of zij minstens één of twee jaar op het hoofdkantoor heeft gewerkt. De eenheid van strategie en 'feel' in een bedrijf is van essentieel belang, dat is niet van papier te leren. De wetenschap dat alle BUM's ons kennen en wij hen, dat we vele uren met elkaar hebben doorgebracht, pratend over onze zaken, maakt dat we elkaar kennen en vertrouwen.

We geven deze tijdelijke stafleden inzicht in onze overwegingen en vragen, in de dingen die we willen. Onze openheid is voor hen vaak onverwacht: er is inzage in alle directiestukken en we betrekken hen in de discussie over alle belangrijke zaken.

De invalshoeken zijn vaak verrassend: want het gaat veelal om mensen uit een ver en vreemd land, terwijl wij voor die mensen even 'ver en vreemd' zijn. Die kennismaking is wederzijds leerzaam. Het belang van cultuurverschillen moeten we niet onderschatten: deze leren ons heel veel over onszelf, de bepaling van onze eigen persoonlijkheid. Verkeerd optreden in een andere cultuur kan bovendien schadelijk zijn en tot problemen leiden. Onze afwijkende, blanke huidskleur is soms beschermend, geeft enig excuus, maar zal bij misverstanden juist het gevoel oproepen 'dat er koloniaal wordt opgetreden'.

De samenhang van een bedrijf dat werkt in vele culturen, mag geen eigen kern van het hoofdkantoor hebben.

Het moet zijn als een ui: stevig over elkaar liggende, elkaar steunende structuren. En wie daar aankomt moet
huilen:

Things fall apart,
the centre cannot hold.
(William Butler Yeats)

6

Het spel. Niet de knikkers

ENIGE GEDACHTEN OVER HET
ONDERNEMERSCHAP

Juist van dwazen valt te leren.
(Brief aan Gerrit Komrij, 1990)

Veel mensen denken dat een ondernemer alleen maar bezig is met geld verdienen. Dat is een misverstand. Een ondernemer snapt heel goed dat het spel ophoudt als hij geen geld verdient. Winst is voorwaarde voor overleven en rapportcijfers. Maar verder gaat zijn energie vooral in het spel zitten, niet in de knikkers.

Dat spel is creativiteit: nieuwe dingen doen, een voorsprong opbouwen, heel handig worden in dat soort dingen. Een echte ondernemer staat, wat zijn ondernemerschap betreft, dicht bij de kunstenaar. Waarom schildert een kunstenaar? Er zijn immers al zoveel duizenden schilders in de wereld. Een kunstenaar doet dat omdat hij moet, hij kan of wil niet anders. Een echte ondernemer 'moet' op dezelfde manier. Hij heeft dat onrustige, is een beetje bezeten, wordt gedreven door een enorme eigenzinnigheid, een karaktertrek waaraan een ondernemer ook vaak ten gronde gaat. Een echte ondernemer herkent in een kunstenaar die bezetenheid van het moeten, dat voortdurend weer op zoek zijn naar iets nieuws. Een ondernemer is creatief, evengoed met vallen en opstaan, met builen en schrammen, als de scheppend artiest dat is. Ondernemen is immers scheppen, het heeft een zekere onbenoembare spanning die de ondernemer herkent bij de kunstenaar.

De echte drijfveer van een ondernemer is het opbouwen. Misschien zit er ook wel iets bij van het oprichten van een monument voor jezelf, het najagen van een soort onsterfelijkheid. Dat hebben ondernemers dan weer gemeen met kunstenaars, die ook na hun dood nog gelezen, gehoord of gezien willen worden. Als het levenswerk er staat, het leven ten einde loopt en alles betrekkelijk wordt, stapt de ondernemer er – over het algemeen – redelijk ontspannen uit: de missie is ten einde, de drijfveer is weg.

Voor het echte ondernemerschap zijn andere kwaliteiten nodig dan voor het continueren, bestendigen en uitbouwen van een bedrijf. Een ondernemer is een egocentrisch mens: hij is bezig met zijn eigen motivatie, met beter willen zijn dan een ander, met hoger springen, sneller zwemmen. Daar komt zijn motivatie uit voort.

Er zijn zoveel ondernemers die meerdere miljoenen guldens hebben. Als het hun nu echt om het geld te doen was, zouden ze er wel mee stoppen en van hun vermogen gaan genieten. Je kunt het immers niet meenemen? Toch gebeurt dat heel weinig. Dat is ook het grote verschil met een bestuurder, een manager van een bedrijf. De laatste weet altijd precies hoeveel salaris hij krijgt. Een ondernemer weet eigenlijk nooit precies hoe zijn eigen financiële situatie eruitziet.

ONDERNEMEN EN BESTUREN

De Nederlandse cultuur is al eeuwenlang doordrenkt van ondernemersgeest. Er zijn tienduizenden ondernemers in dit land die in alle stilte met een bedrijf van vijf of tien man werken. Ze komen nooit in de krant, want daarvoor lenen hun activiteiten of hun omvang zich niet. In het dorp waar ik woon, is een man van zevenentwintig jaar wiens vader is overleden. Hij is van de ene dag op de andere eigenaar geworden van een loonwerkersbedrijf met een man of vijf personeel en machines waarmee ze bij boeren zaaien, oogsten en het land bewerken. Hij komt nooit in de krant, maar hij is wel zeven dagen per week tien uur per dag met zijn bedrijf bezig.

Over wie hoor je wel in de media? Unilever, Hoogovens, Shell, KLM. De mensen die bij deze bedrijven vaak aan het roer staan, zijn in mijn ogen geen ondernemers meer, maar bestuurders. Ze ondernemen niet voor eigen risico met hun eigen geld, zoals de loonwerker in mijn dorp, maar met geld van een ander. Bovendien kunnen ze opstappen wanneer ze willen en weten ze vrijwel precies hoeveel ze elk jaar verdienen. Daar zit een cultuurverschil. Die mensen zullen een ondernemer wel een buitenbeentje vinden: minder gepolijst, meer risiconemend, meer bezeten.

Het is natuurlijk nog maar de vraag of bedrijven zoals de hierboven genoemde en de Nederlandse banken, die het heel duidelijk moeten hebben van ordening en structuren, wel zo gebaat zouden zijn bij echte ondernemers aan de top. Misschien is het wel helemaal geen goede gedachte om bij een dergelijk bedrijf een echte ondernemer aan de top te hebben. Dat zou wel eens gevaarlijk kunnen zijn. Het hangt er natuurlijk wel een beetje van af hoe een bedrijf in elkaar zit, in welke levensfase het verkeert en welke activiteiten het ontplooit.

Bij de ordening van wat loopt in bedrijven, speelt controle en discipline een bijzonder belangrijke rol. Aangezien dat veelal niet de eerste aandacht heeft van een ondernemer, dient hij ervoor te waken dat mensen in zijn omgeving dat wel als eerste prioriteit hebben. Zo niet, dan loopt vroeg of laat de trein uit de rails.

Elke willekeurige topman bij een bedrijf dient de kwaliteiten te hebben die op dat moment bij dat bedrijf het meest van node zijn. Dat kan op een gegeven moment juist niet ondernemersgeest, maar een sterk gevoel voor ordening zijn. Een topman bij Shell bijvoorbeeld moet niet zozeer talenten hebben op het vlak van ondernemen maar hij zal in de eerste plaats goed moeten kunnen onderhandelen met overheden en politieke situaties kunnen inschatten. Twintig, dertig, veertig jaar geleden was het zoeken en vinden van olie en gas de eerste prioriteit, nu lijken het ordeningsproces en de kostencontrole aan de beurt te zijn.

Niettemin is het echte ondernemerschap bij grote bedrijven op de lange duur en van tijd tot tijd onmisbaar. De ondernemers zullen de bestuurders moeten afwisselen. Als het slechter gaat met de activiteiten en er moet iets gebeuren, krijg je over het algemeen weer ondernemersgerichte mensen in het bedrijf. Unilever is een goed voorbeeld van zo'n proces. Een jaar of vijftien geleden zag president-directeur Maljers nog ruim op tijd dat het met het 'bestuur' van Unilever niet meer zo goed ging. Hij heeft ingegrepen en ervoor gezorgd dat het bedrijf via allerlei ingrepen weer meer ondernemersgeest kreeg. Daar was hij toen zijn tijd ver mee vooruit.

Het probleem van Philips is dat bij dit bedrijf misschien een generatie te lang de bestuurders de scepter hebben gezwaaid, ten koste van de ondernemersgeest in het concern. Men mag zich ook afvragen of de problemen bij Philips niet mede veroorzaakt werden door de moeilijke overgang van een 'familiegedomineerd' bedrijf naar een 'professioneel geleid' bedrijf. President-directeur Timmer is nu bezig de ondernemersgeest in zijn bedrijf weer tot leven te wekken. Dat lijkt te lukken, en dat is om verscheidene redenen een geweldige prestatie. Het moest in een relatief korte tijd gebeuren, want er was al veel tijd verloren gegaan. In de tweede plaats is Timmer een insider, een man die bij het bedrijf groot is geworden. Voor zo iemand is het moeilijker dan voor een buitenstaander om de bestaande structuren overhoop te halen, omdat hij immers binnen die oude structuren is 'opgegroeid' en overal relaties heeft opgebouwd die onder druk komen te staan op het moment dat aan die structuren wordt getornd.

Bovendien is het voor een insider moeilijker dan voor een buitenstaander om te zien wat er mis is aan een bedrijf. Er hangt iets in de lucht maar dat ruik je beter als je van buiten komt dan wanneer je altijd die lucht hebt ingeademd. Juist daarom is het knap wat Timmer doet.

Op een bepaald moment komt de ontwikkeling van een bedrijf in een fase dat er een ander type leiding nodig is, vooral als de 'leider' te lang blijft. Er dreigt dan een tragedie van shakespeariaanse dimensie, King Lear in het klein. De koning die zó lang aan de macht bleef dat hij over belangrijke kwesties alleen nog maar wilde luisteren naar hen die hem vleiden. Als de leiding van een bedrijf een duidelijk stempel heeft gedrukt en uiteindelijk geen afstand kan nemen, niet kan overdragen en niet kan accepteren dat een opvolger er andere ideeën op na houdt, dan volgt uiteindelijk de ondergang. Iedere geïnteresseerde in het vaderlandse bedrijfsleven kan hiervan enkele voorbeelden noemen, zodat ik het hier niet hoef te doen. Het is evident waarom de leider na verloop van tijd – één decennium lijkt een goede periode – het vaandel moet overdragen, althans, in mijn geval is dat overduidelijk. Ik ben een typische ondernemer die ruim twintig jaar bij SHV bezig is geweest met alleen maar ondernemen. Dat is erg lang.

De SHV is tussen 1983 en 1995 ongeveer zevenmaal zo groot geworden. Iemand vertelde me laatst dat SHV daarmee in Europa een der meest succesvolle bedrijven is geweest in de gevestigde sectoren. Dat zal best, ik houd dat soort dingen niet bij. Het is hoe dan ook niet goed voor te stellen dat we dit de komende tien jaar kunnen herhalen. Ik kan niet precies uitleggen waarom niet. Zo zit de wereld nu eenmaal niet in elkaar.

De wet van behoud van ellende en de wet der calvinistische rechtvaardigheid zullen ons dwingen met bescheidenheid naar het verleden en met meer hoop dan zekerheid naar de toekomst te kijken.

Ô Saisons, ô chateaux!
Quelle âme est sans défauts?
(Arthur Rimbaud)

7

Luisteren met je ogen, voelen met je oren

OVER INTUÏTIEF LEIDERSCHAP

De wereld is vol namaak en nonsense.
We weten niet altijd precies wat namaak is
en wat niet, maar we kunnen het wel aanvoelen.
(Auteur op CIES-congres, 1992)

Mijn persoonlijke invloed op het reilen en zeilen binnen SHV is niet overal hetzelfde. Op het hoofdkantoor is mijn vingerafdruk het duidelijkst. Een kleine staf, korte lijnen, snelle beslissingen en vooral niet zitten zwartepieten over wie ergens schuld aan is. Want uiteindelijk, als puntje bij paaltje komt, is er maar één man die de verantwoordelijkheid op zich neemt: ik.

Naarmate je verder van Utrecht afkomt, loopt er meer water door de verf. We hebben wereldwijd vele tienduizenden mensen in dienst die allemaal hun eigen interpretatie aan beslissingen, doelstellingen of uitgangspunten geven. De besluitvorming bij SHV is grotendeels gedelegeerd naar de lokale vestigingen. Daarom ook is er uiteindelijk een *corporate philosophy* gekomen, omdat een bedrijf dat gedecentraliseerd opereert toch over een bindmiddel moet beschikken, om te voorkomen dat een bedrijf een zandkasteel wordt. Daarover wordt elders in dit boek nog het een en ander gezegd. Een gemeenschappelijke bedrijfsfilosofie zorgt ervoor dat mensen daar wereldwijd over praten en dat relateren aan hun eigen omgeving. Dan is de uitkomst misschien wel heel anders dan ik had gedacht, maar dat geeft niet.

Zo'n proces leidt in Thailand tot een geheel andere uitkomst dan in Argentinië, en dat hoort ook zo te zijn. Want een Thai is heel anders dan een Argentijn. Die Thai of Argentijn heeft over het algemeen geen weet van wat wij hier op het hoofdkantoor vinden van dit en van dat. Beleid krijgt op lokaal niveau vorm, het hoofdkantoor wordt alleen betaald om na te denken. In Utrecht nemen we een paar wezenlijke beslissingen. Verder moeten we ervoor zorgen dat die beslissingen ook werkelijk voor elkaar komen. Al het andere wordt bedacht en uitgevoerd op lokaal niveau: het organisatiemodel van SHV is zo plat als een pannekoek.

Toen we ergens in het begin van de jaren tachtig begonnen met het decentralisatieproces bij SHV, waren we daarmee in Nederland de eersten. We waren het eerste bedrijf dat afscheid nam van zijn eigen juridische diensten, de accountantafdeling, de computersoftware-afdeling. Er werkten op een gegeven moment ruim driehonderd mensen in het hoofdkantoor te Utrecht en Rotterdam. Nu zijn dat er nog een dikke honderd in een bedrijf dat sindsdien vele malen groter is geworden.

Om duidelijk te maken dat het menens was – en om te voorkomen dat het hoofdkantoor zich opnieuw weer zou kunnen uitbreiden – hebben we toen direct driekwart van de kantoorruimte in Utrecht verhuurd en in Rotterdam het hele kantoor verkocht. Dat proces van decentralisatie kwam, wat mij betrof, niet uit de lucht vallen. Het was het gevolg van een aantal ervaringen waaruit ik toen de conclusie trok dat het centraliseren van diensten niet werkte.

Om te beginnen is het nodig dat je anders tegen de dingen durft aan te kijken: als iemand die overal vraagtekens bij durft te zetten. Een voorbeeld: vroeger had SHV permanent twee mensen in dienst die zich het hele jaar bezighielden met het schrijven van het jaarverslag. Die mensen heb ik vaarwel gezegd – ze zijn overigens allebei goed terechtgekomen – en vanaf dat moment heb ik zelf het jaarverslag geschreven. In februari, in een week tijd, tien jaar lang. Die week in februari was een goed moment om eens rustig na te denken over het afgelopen jaar, de lessen te zoeken, dat op papier te zetten en na te denken over de vraag of je misschien nog een boodschap hebt. Dat moet je niet door anderen laten doen.

Mensen hebben behoefte aan zekerheid. Soms kan een onbedoelde samenklontering van die behoefte hele afdelingen verleiden te geloven in een schijnwereld van goede zaken als het foute zaken zijn. Hoe groter de papierstromen, hoe meer mogelijkheden tot het woekeren van schijngegevens. Veranderen is lastig. *'One should then speak softly, but carry a big stick.'*

De theorie van die schijnwerkelijkheid heb ik voor mezelf verder uitgewerkt en vervolgens heb ik het bedrijf met die bril op bekeken. Er bleken nog meer dingen te zijn. We hadden toen ook uitgewerkte plannen om ons te gaan bezighouden met shiptrading, de wereldwijde handel in zeeschepen. Het zag er allemaal heel goed uit, op papier. Maar naar mijn gevoel klopte er iets niet, al wist ik niet wat. De cijfertjes klopten allemaal, maar mijn gevoel zei me dat er iets niet deugde. Het ontbrak mij aan de koele rationaliteit om precies te kunnen uitleggen wat eraan mankeerde. Het was eerder een algemeen gevoel van: dit kan niet, zo zit de wereld niet in elkaar.

Wat me toen wellicht nog de meeste zorgen baarde, was het feit dat niet de intuïtieve ondernemer maar de – overigens uitstekende – analisten de smaakmakers waren geworden bij beslissingen over het ondernemen in het bedrijf. Wat een intuïtief ondernemer met zijn bedrijf wel kon, kregen de managers van SHV niet voor elkaar. De shiptrading onttrok zich niet aan die wetmatigheid: toen we hadden besloten ons uit die sector terug te trekken, moesten we grote verliezen incasseren.

Het verschil tussen bestuurders en ondernemers heeft te maken met een gevoel van zekerheid: voor de manager ligt dat veelal in de onderbouwing van een project door cijfers en analyses, voor de ondernemer meer in 'het niet te analyseren goede (of slechte) gevoel'.

Daarmee kom je dicht in de buurt van wat een kunstenaar drijft: waarom wil deze op een bepaalde manier ergens vorm aan geven? Hij weet wat hij wil, maar om dat van tevoren uit te leggen, is vaak onmogelijk of in elk geval heel moeilijk. Het is luisteren met je ogen en voelen met je oren.

Rentabiliteitsberekeningen zijn ruim in methodiek en kneedbaar in de uitkomsten. Vanuit Utrecht zeggen we tegenwoordig tegen de werkmaatschappijen van SHV: welke soort rentabiliteitsberekening achten jullie op jullie bedrijf van toepassing? Dat bepalen we niet vanuit Utrecht, omdat er zoveel soorten berekeningen en modellen zijn, zoveel verschillende manieren om het functioneren van een bedrijf te kwantificeren, dat het algauw de kleren van de keizer zijn. Je kunt met die cijfertjes zo manipuleren dat bijna elke gewenste uitkomst eruit kan komen rollen. Elke berekening die je maakt van investeringen is gokwerk, omdat je immers moet werken met geschatte omzetten over vele jaren in geschatte koersverhoudingen tegenover de gulden – de valuta waarin we ons dividend uitkeren – en geschatte restopbrengsten na twintig jaar. De optelsom van die rentabiliteitsberekening zou een glashelder en voor slechts één uitleg vatbare uitkomst moeten bieden. Niets is minder waar: de optelsom van die cijfers is óf een luchtkasteel, óf drijfzand, óf glad ijs.

Wat we liever doen, is al die energie die nodig is voor het bij elkaar krijgen van die cijfers steken in intensieve gesprekken met een paar mensen uit het bedrijf. Bij elk investeringsvoorstel moeten die mensen zelf zeggen wat tégen het voorstel zou pleiten.

Waarom dan toch die cijfermatige analyse? Die opstelling geeft de mogelijkheid om te bepalen binnen welke bandbreedte een project nog kan werken. Het kan aangeven dat discipline nodig is bij de kosten of controle op het niveau der investering. Daarvoor is het uiterst nuttig, maar dat mag niet de plaats innemen van de discussie aan de vergadertafel of het een goed idee is.

Een open gesprek, zonder slides of lange monologen. Wat is je gevoel bij een bepaalde ontwikkeling? Hoe is de sfeer in een bedrijf? Wat zegt de klant erover? Wat zeggen onze partners? Wat doen anderen in dezelfde markt? Wat zegt de ondernemingsraad? Het personeel? Welke nieuwe technologieën komen eraan? Wie wordt verantwoordelijk voor succes? En vooral: hebben we de mensen die het kunnen en willen? Dat zijn geen zweverige zaken, alleen zijn het geen dingen die je in cijfers kunt vangen.

Wat we wel doen, is terugblikken. Het is nu eenmaal zo dat de werkelijke prestaties van een bedrijf, de echte resultaten van een investering, pas na een paar jaar zichtbaar worden. Elke investering van boven de tien miljoen gulden wordt nagecalculeerd na drie à vier jaar. Dan pas kun je zien wat het verschil is tussen de oorspronkelijke verwachting en de uiteindelijke resultaten.

Terugblikken is essentiëler dan koffiedikkijken: omdat je er meer van leert. Dat leerproces is het eerste dividend. Het is wellicht aardig om te vermelden dat dat terugblikken niet gebeurt door de economische afdeling, maar door de personeelsafdeling. Die is beter in staat tot goede analyse te komen met betrokkenen als dingen moeizaam verlopen.

Als een ondernemer uit zichzelf kan erkennen dat hij tekortkomingen heeft – bijvoorbeeld goed kan aanvoelen maar niet goed kan analyseren –, is het noodzakelijk dat hij of zij rationele meedenkers rondom zich aantrekt. De ondernemer is bezig om creatieve nieuwe dingen te doen, maar heeft om zich heen getalenteerde mensen verzameld die juist niet zo in elkaar zitten, die heel planmatig en rationeel zijn. Pas dan krijg je het noodzakelijke evenwicht. Een onderneming runnen met alleen analisten is een voetbalelftal van alleen scheidsrechters. Een onderneming met alleen ondernemers is als een elftal met alleen maar spelbepalers.

Mijn persoonlijke ervaring is ook zo geweest. Sinds het midden van de jaren zestig heb ik mensen om me heen verzameld met groot talent in rationele en cijfermatige analyses en ordeningen. Zij brachten de kritiek naar voren en ordenden de zaken. Soms denk je een prachtig idee te hebben, dat dan door hen keurig wordt afgeschoten. Geeft niks, je bent dan al weer bezig met iets anders.

8

Achterstevoren op een paard

Een jaarverslag is niet meer dan een orde-stuk.
Een ondernemer moet met de toekomst bezig zijn.
(Interview in *Het Financieele Dagblad*, 1994)

Er bestaan een paar hardnekkige misverstanden over jaarverslagen. In de eerste plaats denken veel mensen dat al die cijfers heel belangrijk zijn om te weten hoe het er met een bedrijf voorstaat. Dat is echter maar zeer ten dele waar, helaas. Belangrijker dan bijvoorbeeld de winst-en-verliesrekening en de balans is het geschreven woord van de directie, wat het vertelt en – nog belangrijker – wat het verzwijgt. *'The cruelest lies are often told in silence.'*
Een tweede misverstand is dat een goedgekeurd jaar-verslag alle belangrijke informatie bevat die nodig is om een goed beeld te krijgen van een bedrijf. Dat is onjuist. De cijfers zeggen iets over het verleden maar niets over de toekomst. Alsof je achterstevoren op de rug van een paard zit: wat je ziet, ligt al achter je. Waar het paard naar toe gaat, is ongewis omdat je er met de rug naar toe zit. Misschien stevent het wel af op de afgrond... Elke voorspelling die op cijfers is gebaseerd, is een gissing, en daarom vaak zelfs een vergissing.
Daar hebben we genoeg voorbeelden van kunnen zien. De resultaten zijn bekend maar de strategie van het be-drijf, de hoop en verwachtingen, het optimisme en de

zorgen van directie en werknemers zijn niet zichtbaar en niet meetbaar. Terwijl het daar nu juist om gaat. Verandering van het beleid of zelfs een gebrek aan beleid, veroudering van producten, een ingeslapen of ruziënd management, het zijn zaken die niet in een jaarverslag aan de orde komen terwijl ze wel van wezenlijk belang zijn voor de resultaten op de langere termijn.

Nog een misvatting: alles wat er in een jaarverslag staat, is volledig waar, want het is immers gefiatteerd door een erkende accountant. Uiteraard is de handtekening van een accountant noodzakelijk en wordt hier niet getwijfeld aan diens oprechte bedoelingen of diens vakmanschap. Echter: met cijfertjes kan een creatieve boekhouder veel doen zonder dat er werkelijk van fraude, oplichting of misleiding in de juridische zin van het woord sprake hoeft te zijn. In een gemiddeld jaarverslag zit naar mijn inschatting een mogelijke vertekeningsmarge van zo'n twintig procent. De zogenaamd 'harde', goedgekeurde cijfers kunnen ongeveer veertig procent afwijken van de werkelijk behaalde resultaten. Dat is bijna de helft: precies het verschil tussen redelijk goed en betrekkelijk slecht, redelijk gezond of zorgwekkend ongezond, net boven de streep of dik eronder. De druk op de directie om te laten zien wat de mensen – het personeel, de aandeelhouders – graag willen zien, is groot; veel groter dan een buitenstaander zou denken.

Aan een accountantsverklaring heb je evenveel als aan een dokter: na het onderzoek is er absoluut geen garantie dat de patiënt gezond is. Het enige dat de arts – accountant – kan zeggen, is dat hij 'niks heeft kunnen vinden'. Het behoeft geen betoog dat de patiënt er op dat moment beroerd aan toe kan zijn.

Als we niet kunnen terugvallen op het jaarverslag, de winst- en verliesrekening, de balans en nu ook al de accountantsverklaring bij het beoordelen van de stand van zaken bij een bedrijf, waar moeten we ons dan door laten leiden? Beursanalisten misschien? Ik zou het niet doen. Veelal missen deze personen de ervaring en de wijsheid die ontstaat uit mislukkingen, teleurstellingen en flessentrekkerij. Het is meer dan eens voorgekomen dat er enthousiaste koopadviezen voor een beursfonds worden genoteerd, luttele maanden of weken voordat zo'n bedrijf in een vrije val raakt. Daarnaast is het goed te weten dat die beursanalisten, als ze het echt wisten, niet meer zouden adviseren, maar hun centjes aan de Rivièra aan het tellen zijn.

De geschreven tekst van de directie kan meer zeggen dan de cijfers, omdat de tekst iets kan laten doorschemeren van hoop en verwachting, maar ook van de bedrijfscultuur: van integriteit of opportunisme, nuchterheid of een sterk geloof in een schijnwerkelijkheid. Onlangs maakte een Amerikaanse onderneming een enorm verlies. De tekst in het verslag van de hoogste baas sloot daar echter op geen enkele manier bij aan. Dat zegt zoveel over de cultuur van een bedrijf dat de bezitter van aandelen in dat bedrijf onmiddellijk en wel direct zijn belangen zou moeten verkopen.

In plaats van het napluizen van de cijfertjes kan volgens mij de lezer beter nagaan of er in de tekst van de directie icts staat wat hem of haar werkelijk boeit. De bedrijven die erg vol zijn van zichzelf, zou ik, als belegger, liever mijden, evenals de bedrijven waar sprake is van 'gerommel' in de directie. Verder dient een geïnteresseerde zijn ogen en oren open te houden als het gaat om de natuurlijke omgeving van een bedrijf, de grond waarin het bedrijf is geworteld en goeddeels afhankelijk van is voor zijn groei en bloei. Contracten, gebeurtenissen in politiek, economie en samenleving, toeleveringen, veiligheidsvoorschriften, pensioenverplichtingen, milieuwetgeving, de marktpositie, het fiscale en sociale klimaat, wetswijzigingen, noem maar op. Het zijn omstandigheden als deze die niet terug te vinden zijn in de vele cijfertjes die bedrijven uitspuwen, maar desalniettemin bepalend zijn voor toekomst en welzijn van datzelfde bedrijf. In uiteenlopende industrieën en bedrijfstakken, zoals de luchtvaart en energiebedrijven, zijn bijvoorbeeld moeilijk voorspelbare invloeden als milieuvraagstukken of technische verordeningen van wezenlijk belang voor de potentie en toekomstverwachtingen van een bedrijf.

Zeperds en narigheid komen meestal onverwacht en altijd ongewenst. Daarom worden ze vaak onder de mat geveegd. Toen ik in het jaarverslag van SHV over 1993 repte over problemen bij onze Makro's in Spanje en Marokko, werd dat hier en daar in het bedrijf van vraagtekens voorzien. Was dat nou nodig, in een jaar dat het SHV-concern een recordwinst mocht boeken van 613 miljoen gulden? Toch heb ik, gesteund door collega's in de directie, doorgezet, omdat naar mijn mening juist een negatief bericht op de antenne van de geïnteresseerde dient te komen. Toegeven dat er weleens dingen fout gaan, schept eerder vertrouwen in een bedrijf en zijn directie, dan wanneer het ene na het andere hoogdravende jaarverslag van de persen rolt.

Immers: is een jaarverslag bedoeld ter meerdere eer en glorie van het bestuur? Is het bedoeld om de ego's van betrokkenen te strelen? Ik dacht van niet. Het verslag over 1993 was toevallig een jubileumuitgave: het vijfentwintigste dat SHV aan de openbaarheid prijsgaf. Om die reden gaf het een overzicht van de ontwikkelingen in die kwarteeuw. Juist omdat de groei van het bedrijf in deze periode nogal sterk is geweest, hebben we het overzicht vrijwel achterin, nogal lastig vindbaar, gepubliceerd. Ge-

lukkig werd dit signaal door de hele organisatie goed op-
gepikt: de voldoening over de resultaten van de afgelopen
periode mag geen reden zijn tot opschepperij.

STEMPELKUSSEN

Een externe accountant – de 'dokter' – kan van groot belang zijn voor een bedrijf, mits hij niet wordt gebruikt als
veredeld stempelkussen. Zijn belang zit hem niet in de
tekst waarmee het jaarverslag wordt goedgekeurd – behalve als die tekst inhoudelijk afwijkt van voorgaande jaren of wanneer de goedkeuring geheel ontbreekt, maar
dat spreekt vanzelf. De waarde van een externe accountant zit in de rechtstreekse dialoog met de directie. In een
groeibedrijf zal dat gesprek zich toespitsen op 'controle',
op de vraag hoe te voorkomen dat het bedrijf uit de bocht
vliegt. In een wat suffiger bedrijf spitst die dialoog zich
toe op de vraag hoe je groei moet realiseren, naar nieuwe
producten moet zoeken of – in het uiterste geval – hoe je
moet overleven als je niets doet. Alles is beter dan geen
dialoog: de accountant moet van alle ontwikkelingen in
het bedrijf op de hoogte worden gehouden, ook als het
om niet-meetbare factoren gaat. Hij moet kunnen klet-
sen bij de staf en de dochterondernemingen, hij moet altijd toegang hebben tot de raad van commissarissen en de
directievoorzitter. Zijn adviezen moeten zo zwaar wegen
dat een weigering om deze op te volgen in de raad van
commissarissen aan de orde gesteld dient te worden.

Een accountant moet geprikkeld worden en zelf ook
prikkels mogen uitdelen. Hij is te nuttig en te duur om alleen een stempel van goedkeuring te laten hanteren. Fouten maken of moeilijkheden hebben is geen probleem: het
verbergen of onbesproken laten wel degelijk. Dat is het
begin van een rottingsproces.

Mijn conclusie is dat de cijfertjes van de winst-en-verliesrekening en de balans voor de direct betrokkenen in een bedrijf controlemechanismen zijn waarbij de kennis van de spelregels en de onderliggende systematiek hen in staat stelt een redelijk oordeel te vormen. Op voorwaarde dat ze het bedrijf van binnenuit goed kennen. De winst-en-verliesrekening heeft geen enkele voorspellende waarde, de balans eigenlijk evenmin. Alleen als uit de balans blijkt dat er conservatief wordt boekgehouden en er veel financiële reserves zijn, weet je dat het bedrijf een stootje kan hebben. Dat wordt echter weer tenietgedaan als enthousiaste medebeleggers de koersen zodanig hebben opgedreven dat zelfs het aanwezige vet op de botten niet voldoende is om een koersval op te vangen.

De adviseurs, die een boterham verdienen met het adviseren hoe de klant zijn of haar geld moet beleggen, zijn per definitie niet beter dan de gemiddelde beurskoers: anders hoefden ze niet te adviseren om hun boterham te verdienen. Is uw beleggingsadviseur overtuigd beter te zijn? Vraag hem dan eens u schriftelijk een koersverloop van uw portefeuille te garanderen, die gelijk is aan de beursindex. U kunt hem aanbieden het verschil daarboven samen te delen.

Voor de belegger betekent dit, denk ik, dat men goed en diep moet nadenken over de kwaliteit van de mensen die een bedrijf leiden. En dat advies is niet zo eenvoudig op te volgen. Hoe weten we hoe goed de mensen in een bedrijf zijn waar we zelf niet in werken? Daar beleggen waar men onder de indruk is van die kwaliteit en daar dan jaren trouw blijven, lijkt me.

Tot slot: ikzelf heb zo weinig vertrouwen in de doorzichtigheid van bedrijven, dat ik niemand ooit heb durven adviseren over beleggingen, inclusief mijzelf. Ik weet niets van beleggen, maar ik weet tenminste dat ik het niet weet.

9

Bezetenheid, neus, geluk

INSTINCT CONTRA RATIONALITEIT

Man can not own mountains.
(BBC Schotland tv-interview)

Er is een merkwaardig verschijnsel waar een van onze financiële mensen me eens op gewezen heeft. De kans dat ik een fout maak bij berekeningen, is vrij groot als ik een aantal getallen precies bij elkaar moet optellen. Op de een of andere manier lukt me dat slecht. Het vreemde is echter dat ik bij zeer gecompliceerde berekeningen bij contracten op mijn gevoel heel snel de juiste orde van grootte van het bedrag kan schatten, veel sneller dan mijn financiële mensen dat bedrag kunnen berekenen. Dit is nogal eens voorgekomen.

Wat zou dat zijn? Een vorm van bezetenheid misschien? Bezetenheid treedt niet aan den dag in de vorm van overvolle agenda's. Het is altijd bezig zijn met het bedrijf, ook als je er niet mee bezig bent. Dat 'bezig zijn' wordt bij mij nog het beste gestimuleerd bij het beklimmen van bergen en rotsen in de Schotse Hooglanden. Vrijwel alle grote SHV-zaken hebben daar, zowel in afzondering als in het gezelschap van staf en collega's, een intensiteit gekregen die van een andere kwaliteit is dan op kantoor. Dan gaat het meestal niet om een probleem dat een snelle oplossing vergt maar om een rijpingsproces dat nodig is om eigenaar te worden van het probleem. Of om het zoeken naar en vinden van nieuwe projecten en kansen. Zo gaat het bij succesvolle bedrijven altijd: hoe groter de bezetenheid en de intensiteit, des te beter de neus – het instinct – wordt gebruikt, en des te meer geluk je uiteindelijk hebt. Geluk dwing je af: met bezetenheid en instinct: een goede neus zit niet te dicht op de zaak.

De 'neus' van een ondernemer is een moeilijk te vangen eigenschap. Hoe voel je aan hoe iets in elkaar zit en hoe het aangepakt moet worden? Ondernemers met een goede neus kunnen vaak niet precies uitleggen waarom ze iets op een bepaalde manier willen doen. Voor mij geldt dat in elk geval: ik ben al bezig het te doen en zoek soms nog vertwijfeld naar de rationale uitleg waar de omgeving op zit te wachten.

We weten niet hoe dit precies in zijn werk gaat: hoe de mens in elkaar zit, hoe zijn hersens werken, hoe de beelden van onze ogen worden vertaald in de hersens, welke rol het bewuste of het onbewuste geheugen daarin spelen, wanneer dat geheugen wordt geraadpleegd, of dat doelbewust is op te roepen, of we iets uit ons geheugen kunnen oproepen waarvan we niet weten of het er wel zit, waar die gedachteflits vandaan komt.

Kan het misschien zijn dat de ondernemer met een neus voor dingen al heel lang de voors en tegens, de belangrijke en minder belangrijke zaken half bewust met zich meedraagt en verwerkt, zodat hij de oplossing van een probleem als het ware al paraat heeft op het moment dat anderen nog moeten beginnen met denken?

Is de echte ondernemer dan een persoon die een speciale antenne en een speciale vaardigheid bezit om talloze gegevens lang tevoren te verwerken en tot uitspraken te laten rijpen die doordacht zijn, ook al moeten ze onverwacht worden gedaan?

Een aantal mensen binnen en buiten SHV heeft mij ge-

complimenteerd met de opmerking dat ze mij een begaafd onderhandelaar en ondernemer vinden. Als dat al
zo zou zijn, roept zo'n constatering meer vragen op dan
ze beantwoordt. Begaafd op welke manier en waardoor
dan? Door aanleg, opleiding, interesse of aard, teamverband, geluk? Hoe dan ook: vaak weet ik bij onderhandelingen precies wat de andere partij gaat zeggen, weet ik
wat onze reactie dient te zijn en hoe de ander daar weer
op zal reageren. Jammer genoeg ben ik niet in staat uit te
leggen hoe het werkt, ofschoon dat interessanter zou zijn
dan wat ik nu te vertellen heb. Ik weet in elk geval zeker
dat ik niet helderziende ben. Soms 'ruik' ik dagen van tevoren al het antwoord op onze vragen, ik ken de positie
die zal worden ingenomen en kan met collega's de consequenties al bespreken voordat die positie ons officieel
wordt medegedeeld.

Ik heb gemerkt dat dit voor mij alleen opgaat als ik de
persoon in kwestie ken. Het is geen schaakspel dat schriftelijk gespeeld zou kunnen worden. Ik heb er de uitstraling, het gezicht, de stem, de methodiek, de zinsbouw, het
woordgebruik, de achtergrond van de ander voor nodig.

Deze en andere krachten kunnen het succes van een bedrijf een handje helpen het geluk af te dwingen. En dat is
nodig, omdat de rationaliteit ons zo vaak in de steek laat.
Bij veel bedrijven – en shv is daar geen uitzondering op –
wordt pas na ettelijke jaren duidelijk dat een bepaalde
keuze verkeerd is geweest. Rationeel verstandige zaken
blijken vaker dan je zou denken niet of slecht te werken.
Nog niet zo lang geleden maakten we daar een aardig
voorbeeld van mee. Het ging om een investering in een
betrekkelijk eenvoudig project, dat volgens de betrokken
manager een rentabiliteit zou opleveren van ongeveer
honderd procent. Nodeloos te zeggen dat hij het met ver-
ve en vuur verdedigde. Wij – de dagelijkse leiding van

SHV – vragen van alle investeringen die ons worden voorgelegd ook naar de eventuele nadelen of de argumenten die tegen het voorstel pleiten. In dit geval waren die er niet, zo bezwoer de manager ons. De leer bij SHV over decentralisatie is zo sterk dat we het project hebben goedgekeurd, ofschoon wij er niet in konden geloven. Rationeel klopte alles, de berekeningen waren correct, de schattingen leken juist en toch... We waren achterdochtig omdat investeringen met dit soort rendementen niet of nauwelijks voorkomen. Het project werd een faliekante mislukking.

Achteraf gezien blijf ik van mening dat we er niet goed aan gedaan zouden hebben om de keuzemogelijkheid bij de betrokken manager weg te nemen en het project te verbieden. De omvang van het risico maakte zo'n ingreep niet noodzakelijk en daarom ook niet gewenst. Onze fout lag elders. We waren er kennelijk niet in geslaagd onze manager zich voldoende te laten inleven in de manier waarop het in het leven toegaat. Zulke investeringen bestaan nou eenmaal niet. Ondanks alle rationele overtuiging moet het gezonde verstand zegevieren en de zaak tegenhouden. Soms moet de rationaliteit worden afgeremd door het instinct en soms het instinctieve gevoel worden bijgestuurd met rationaliteit. De combinatie van beide in de juiste verhoudingen en op het juiste moment is de geheime sleutel. Soms denk ik te weten waar die hangt, om na die droom weer wakker te worden en opnieuw te zoeken.

10

Meer ezel dan adelaar

In een directievergadering moet gelachen worden.
(Interview in FEM, 1992)

De president-directeur van een groot bedrijf kan doelstellingen uitsluitend realiseren via andere mensen. Soms
hoor ik weleens dat alleen een schaap met vijf poten dat
werk aankan. Maar naar mijn gevoel – en om in het rijk
der dieren te blijven – is de vergelijking met een ezel beter
op zijn plaats. Een zwaluw of een adelaar zou veel mooier
en poëtischer klinken, maar die kunnen door andere vogels nauwelijks bijgehouden worden. Een ezel daarentegen heeft iets klagerigs, is niet-bedreigend voor zijn omgeving en gaat stapje voor stapje, voorzichtig maar hard-
nekkig, op zijn doel af. Bovendien heeft de ezel het voordeel dat hij al voortsjokkend zijn eigen pad volgt en niet
de ongecontroleerde wilde sprongen van een opgeschrikt
raspaardje maakt. Daarbij heeft een ezel adembenemend
grote oren: om goed te luisteren. Zegt hij iets, dan komt
er een stokkend geluid uit zijn keel dat zelfs de vogels
even stil doet zijn. De ezel komt, kortom, waar hij wezen
wil en – in tegenstelling tot de meeste managers – stoot
hij zich niet tweemaal aan dezelfde steen. De ezel is de
ideale president-directeur.

Een president-directeur moet een werkklimaat scheppen waarin mensen zich kunnen ontplooien. Dat lijkt me de belangrijkste taak. Het is in het belang van het bedrijf als de werknemers zoveel vrijheid van handelen krijgen dat ze hun talenten optimaal kunnen ontplooien en aanwenden. Ook al zijn vrijwel alle bedrijven onderling verschillend – in cultuur, in geschiedenis, in product of dienst –, ze hebben met elkaar gemeen dat er mensen werken. Dat is veelal het enige gemeenschappelijke kenmerk. Het maximaal benutten van die mensen is de basis voor elk succes. De meest geslaagde ondernemingen zijn niet de bedrijven met de meest bekende producten, maar de bedrijven waar de organisatie van de mensen ten opzichte van de klant het hoogste nut opbrengt, bedrijven die uitmunten door kwaliteit in de vorm van integriteit en loyaliteit.

De vraag die iedere president-directeur moet zien te beantwoorden, is dan ook: hoe kan ik iets voor elkaar krijgen via andere mensen? In onze westerse samenleving is de innerlijke overtuiging, de motivatie van mensen van doorslaggevend belang. Een besluit wordt pas goed uitgevoerd als het door een grote meerderheid wordt gedragen.

De kunst van een president-directeur is gelegen in het scheppen van een evenwicht in de beleving der dingen. Dat klinkt wat plechtig maar betekent eigenlijk niets meer dan dat hij probeert een beetje gas te geven als het langzaam gaat, en afremt als er sprake lijkt te zijn van zelfoverschatting, hij brengt een toefje realiteitszin in als er sprake lijkt van een schijnwerkelijkheid.

De president-directeur van SHV is geen bok op een haverkist. Hij laat veel dingen aan zich voorbijgaan, kijkt, luistert, denkt na, reflecteert en zegt vaak: 'Ik weet het ook niet, ik wens u succes bij het vinden van een oplossing.' Intussen overlegt hij bij zichzelf hoe hij de doelstelling voor elkaar kan krijgen.

Wat de organisatie van die inbreng bij SHV betreft: de grote lijnen van het beleid komen aan de orde tijdens de directievergaderingen die eens per drie weken worden gehouden. Daar speelt de voorzitter een duidelijke rol. Althans het enige duidelijke aan de rol van de president-directeur is dat de rol nogal kameleontisch dient te zijn. Elk vraagstuk kent zijn eigen achtergrond en naar die inschatting moet de dialoog gestuurd worden. De voorzitter speelt een belangrijke rol in het naar voren laten komen van de achterliggende gevoelens en meningen. Hoe hij dient op te treden, hangt van de doelstelling af: gaat het om het doorvoeren van een eerder genomen besluit, of juist om een heroverweging daarvan? Wat is de werkelijke essentie van de bijeenkomst op dit uur? Hoe liggen de gevoelens van mensen die niet in de kamer aanwezig zijn? Is het beter de zaak nog maar even te laten sudderen, of moet de voorzitter juist standvastig en doelgericht optreden?

Die bijeenkomsten zijn uitgesmeerd over twee dagen: de eerste dag is een luisterdag, de tweede een beslissingsdag. Dat heeft als voordeel dat aan alle belangrijke beslissingen een nachtje slapen voorafgaat. Dat werkt over het algemeen heel verfrissend. Een nachtje slapen geeft afstand, de deelnemers aan de vergadering op de eerste dag krijgen de gelegenheid zich te richten op de discussie en vermeden wordt dat de discussie te zeer wordt gericht op het vooraf gewenste besluit.

Tijdens de eerste dag, de voorlichtingsdag, worden de voorstellen gelanceerd en toegelicht door de betrokkenen. Alle voorstellen worden mondeling toegelicht. Dat is belangrijk: de dialoog is altijd te prefereren boven de monoloog. Bovendien moet je elkaar in de ogen kunnen kijken, gevoelens kunnen peilen, enthousiasme kunnen signaleren. Er is meer tijd voor luisteren dan voor praten. Iedereen dient kort het woord te voeren, de voorzitter als laatste. Kort, dat is bij SHV maar een paar minuten lang.

In zo'n gesprek is geen plaats voor diapresentaties. Dat is een vorm van een monoloog: iemand heeft wekenlang aan die dia's geschaafd en geeft dan vervolgens een indringend bombardement van feiten, cijfers en indrukken. Dat kun je alleen maar over je heen laten komen, en na zo'n passief beleefde overdaad aan informatie kun je alleen nog zeggen: nou, dat moesten wé dan maar doen, want de dia's spreken duidelijke taal. Een diapresentatie in een besluitvergadering is een vorm van terrorisme en daar doen wij niet aan mee. Elk voorstel bij SHV wordt in de vorm van een dialoog gepresenteerd. Ik heb eens een management-consultant buiten de deur gezet met zijn pakketje dia's. Toen hij de vergadering binnenstapte met de bedoeling om ons met zijn slides-bombardement te overrompelen, heb ik gezegd: we gaan praten, zonder dia's. Nou, dat kon niet van de management-consultant, want zonder dia's kon hij zijn presentatie niet afsteken. Daarmee was voor mij de kous af, de man is onverrichter zake vertrokken, terwijl ik mezelf de fout kon aanrekenen de verkeerde consultant in de arm te hebben genomen.

Uiteraard heb ik niets tegen de presentatie van feitelijke gegevens die nodig zijn om een situatie of voorstel te kunnen wegen. Het mag alleen niet voorkomen dat zo'n feitenbombardement in de plaats komt van een gedachtenuitwisseling. Niet alleen de feiten doen ertoe, maar belangrijker is de vraag of de mensen er ook werkelijk in geloven. Al pratend krijg je tenslotte een idee van de richting die je met z'n allen op wilt. Zo'n dialoog werkt pas als iedereen rustig over alle feiten en omstandigheden heeft kunnen nadenken en ze in zijn of haar proces van meningsvorming heeft kunnen vlechten. De papieren worden een week van tevoren toegestuurd.

Als voorzitter van de directie probeer ik zoveel mogelijk mensen bij de besluitvorming te betrekken, ook al is misschien niet iedereen het eens met een besluit. Die betrokkenheid is van wezenlijk belang, en die krijg je pas als iedereen het gevoel heeft er ook werkelijk een actieve rol in te kunnen spelen. Niet alleen maar afwachten, maar meedoen, meedenken, meepraten.

Dat leidt ertoe dat alle betrokkenen kunnen leven met de besluiten die worden genomen, ook al hadden ze zelf misschien iets anders voor ogen. Je moet eens kunnen zeggen: sorry, ik heb geen idee, misschien u wel? Het proces van besluitvorming wordt dan veel opener, minder van bovenaf opgelegd.

Naast de luisteraar die ik bij directievergaderingen vaak ben, speel ik ook de rol van de opportunist, de 'debater'. Ter wille van de kwaliteit van de discussie houd ik mijn eigen mening – zo ik die op dat moment al heb, natuurlijk – voor mij. Dan praat ik een richting uit waarvan ik soms wel weet dat we helemaal niet die kant uit moeten, maar dat doe ik dan toch ter wille van het debat. Dat is weleens lastig voor de anderen omdat ze niet weten waar ik werkelijk naar toe wil. Dit kan van belang zijn omdat die onzekerheid de openheid schept tot een vrije gedachteloop; de mens heeft nu eenmaal de neiging de baas wat naar de mond te praten.

OPPASSEN GEBLAZEN

Elke organisatie heeft de neiging tot het scheppen van een schijnwerkelijkheid. Bij SHV was dat niet anders. Naarmate de verdediging of de aanbeveling van een zaak zoeter, idealer en rechtlijniger wordt, is het meer oppassen geblazen. Oppassen voor de betrokkenen die het pleidooi afsteken of moeten aanhoren, maar ook oppassen geblazen voor het bedrijf als geheel. Want wie schijnwerkelijkheden schept, gaat er zelf in geloven. Net als bij de schilder die verliefd wordt op de beeltenis die hij op het doek heeft gezet, is zo'n proces weliswaar ontroerend omdat het iets zegt over de inzet en de intensiteit waarmee iemand zich ergens op heeft gestort. Die inzet is een vorm van bizar gedrag die – de volledigheid gebiedt dit te zeggen – ook weleens heel goed samengaat met ondernemen. Maar ofschoon bizar gedrag ook in ondernemersland voorkomt, behoort het er tot de grote zeldzaamheden. Zelfverheerlijking, overschatting en deftigdoenerij kom je in de wereld van ondernemers en managers nogal eens tegen, maar een goede ezel zal je niet gauw op dat gedrag betrappen.

U weet het: ezels dragen de haver, waarna de paarden het eten.

11

De kracht van de pannekoek

LEIDINGGEVEN IN EEN
GEDECENTRALISEERDE ORGANISATIE

*SHV: Een curieuze mengeling van Hollands
Koopmanschap met geestelijke verdieping.*
(Utrechts Nieuwsblad, 1993)

Het pannekoekmodel, de platte organisatie, dwingt het
hoofdkantoor zijn bemoeizucht binnen de perken te houden bij de uitvoering van plannen en drukt verantwoordelijkheden naar beneden. Toen ik in 1974 lid werd van
de raad van bestuur van SHV, werd daar elke investering
van honderdduizend gulden of meer uitgebreid besproken, zelfs al was die al in het jaarplan vermeld.

Vroeger bestond het hoofdkantoor uit bijna vierhon-
derd man met uitbreidingsplannen, na onze reorganisatie
uit een kleine honderd.

Nu komt een investering die al in het jaarplan is gemeld,
alleen nog aan bod in de volledige directievergadering als
het om een bedrag van meer dan twintig miljoen gaat.
Daar is durf voor nodig, maar het is absoluut noodzakelijk om de lagere managementlagen in het bedrijf vertrouwen en verantwoordelijkheid te geven. Als dat niet kan, is
er iets niet in orde met de bedrijfscultuur, de opleiding of
de kwaliteit van de mensen. En dat brengt risico's met
zich mee: één rot ei kan de pannekoek bederven.

Als er ergens iets niet goed dreigt te gaan, zal de centrale leiding de vingers voelen jeuken zich ermee te gaan be-

moeien, maar dat moet met mate gebeuren. Wijsheid is immers niets anders dan de spiegel van goed verwerkte mislukkingen. Essentieel in het proces van beter worden van mensen is juist de mogelijkheid de fouten te herstellen die zij zelf hebben gemaakt. Daar dient het hoogste gezag zich zo ver mogelijk van te houden.

Juist de top van een bedrijf moet leren niet de wijsheid in pacht te hebben. En al hebben we noodzakelijkerwijs wel de uiteindelijke macht, problemen kunnen vaak beter worden opgelost door anderen. Zij, op hun beurt, moeten erop kunnen vertrouwen dat ze de steun genieten van de top. Wat wel mag – moet! – is vragen stellen: moeilijke vragen, vriendelijke vragen, vasthoudende vragen. Deze kunnen scherper zijn dan commentaar, meer tot denken aanzetten dan aansporingen: vragen, opnieuw vragen en wéér opnieuw vragen.

Zoals in alle organisaties worden ook in een platte structuur (waarin sprake is van een geringer aantal en kortere hiërarchische communicatiekanalen) de informele communicatiekanalen misbruikt. Het grote voordeel van een pannekoekorganisatie is dat roddels snel worden doorgeprikt omdat mensen die in kleine werkgroepen zonder veel hiërarchische afstand werken, elkaar immers goed kennen, althans veel beter dan in een grote, amorfe structuur met veel lagen en schijven. Op ons hoofdkantoor kent letterlijk iedereen elkaar: de roddels zijn daarom sneller te ontzenuwen of te beoordelen, terwijl de verspreiders ervan gemakkelijker 'op te sporen' zijn.

Er is nog een belangrijke reden om een bedrijf als SHV in de vorm van een pannekoek te bakken. In deze moderne tijd zijn mensen in vrijwel alle lagen van de organisatie goed opgeleid. Kennis vraagt om gevoed te worden met verantwoordelijkheden: wie eens geleerd heeft, wil meer leren, wie ooit verantwoordelijkheid heeft gehad, kan niet meer zonder. Daar moet een organisatie gebruik van maken. Het zijn vooral jonge Europeanen, geboren in de jaren vijftig en zestig, die sterk de behoefte hebben aan werk waarin ze zichzelf kunnen meten en beoordelen. Grote, anonieme afdelingen en een sterke hiërarchie staan deze toetsing in de weg. In kleine werkeenheden zien de mensen welke invloed ze zelf hebben op het proces: dat kweekt goede mededenkers.

Hoe krijgt de top van een bedrijf haar ideeën, denkbeelden en wensen geaccepteerd in het hele bedrijf? Veel goeds bereikt de werkvloer onvoldoende, maar ook in omgekeerde richting is dat het geval. De overtuigingskracht neemt af naarmate de afstand tussen mensen groeit. Een organisatie met weinig lagen, waar de mensen allemaal dicht onder de top staan, kan heel effectief zijn, ook in een groot bedrijf, al is lang niet iedereen daarvan overtuigd. Alles draait om de kunst van het delegeren: sommigen doen dat met gemak maar weten vervolgens niet te stimuleren, anderen kunnen wel stimuleren maar halen, als het erop aankomt, toch liever zelf de kastanjes uit het vuur.

Weer anderen vinden hun levensvervulling in het hebben van zoveel mogelijk ondergeschikten. Zo kwam SHV in Spanje eens een ondernemer tegen die een collega van mij toevertrouwde dat het zijn doelstelling was om een bedrijf te scheppen waar meer dan honderdduizend mensen werkten. Hij was al halverwege. Mijn collega had bovendien de indruk dat hij ook halverwege het einde was en kreeg binnen enkele jaren gelijk. Maar dit terzijde.

In een pannekoekmodel draait het om verantwoordelijkheid en werkervaring. Jonge mensen die pas aan het begin staan van hun loopbaan, zijn er minder geschikt voor. Een tiental jaren ervaring in een ander bedrijf geeft in onze ogen voldoende basis om het aan te durven. De selectie bij SHV is pittig, de informele controle groot, maar wie het haalt, heeft vaak op zeer jonge leeftijd een geweldig uitdagende baan. Bij SHV bouwen jonge mensen grote bedrijven op, weliswaar met vallen en opstaan, maar met een enorm grote motivatie. Welke capabele en ambitieuze man of vrouw wil niet voor zijn veertigste zelf een afdeling of bedrijf hebben opgebouwd? Wie deze ambitie heeft, moet behalve werklust en goed leiderschap een andere wezenlijke eigenschap bezitten: het vermogen tot samenwerken.

Niemand wil werken in een teamverband waarin de leider alles al weet en die leidinggeven gelijkstelt aan het geven van orders. En teamverband is nodig in alle huidige gecompliceerde bedrijfsprocessen. Een leider moet oog hebben voor de originele gedachte. Een voorbeeld: de mens denkt dat hij het graan over de wereld heeft verspreid. Zouden vanuit het graan gezien, de halmen niet denken dat ze de mens hebben gebruikt om zich maximaal te verspreiden?

En ten slotte: wat is er nodig voor goed leiderschap in zo'n platte organisatie? Kunnen luisteren, anderen een vraagstuk laten oplossen, van mening durven veranderen, fouten zelf opeisen om je mensen niet te demotiveren, in het privéleven zodanig afspraken maken dat wrijvingen en belangentegenstellingen harmonieus opgelost kunnen worden, verstand hebben van je vak, fouten met de baas kunnen bespreken, een prettige persoonlijkheid zijn, creatief zijn en vooral ook: dingen voor elkaar krijgen.

12

Wie heeft dit nodig en waarom?

STROOP OF OLIE IN EEN FORMELE EN
EEN INFORMELE ORGANISATIE

Niet in het doel, maar in de route waarlangs het doel
moet worden bereikt verschilt SHV *van de doorsnee-*
ondernemer.
(Het Financieele Dagblad, 1990)

In een grote organisatie is het belang van verslaglegging
groot. Als iets op papier staat, krijgt het als vanzelf een
zekere status. Wat meer is: door iets op papier te zetten
wordt de vermelding tevens het einde van de verantwoordelijkheid van degene die het aan het papier toever-
trouwt. 'Ik heb het toen en toen, daar en daar al vermeld
en verder moeten ze dan maar zien wat ze ermee doen.'
Elk bedrijf gaat door verschillende fasen van centrali-
satie, decentralisatie, aanhalen en loslaten, ordenen en
vrijgeven. Elke fase heeft een grotere of kleinere papier-
stroom tot gevolg. Op een bepaald moment besloten we
bij SHV dat er te veel sprake was van papieren verantwoordelijkheid – mijn geloof daarin is nooit erg groot geweest. We wilden dat drastisch verminderen.
In plaats van het instellen van een commissie leek het
me beter om alle bedrijfsdirecteuren met hun financiële
man, de controller, naar het hoofdkantoor in Utrecht te
laten komen. Ze dienden alle formulieren mee te nemen
die ze voor Utrecht moesten invullen of bijhouden. Samen met een paar mensen uit de staf in Utrecht zijn we

om een tafel gaan zitten, waarbij ik elk formulier in de hoogte stak met de vraag: 'Wie heeft dit nodig en waarom?'

Het waren interessante dagen. Soms was iedereen snel overtuigd van de noodzaak van het bestaan van het papier, soms kwam een formulier boven water dat al jaren trouw werd ingevuld en waarvan 'Utrecht' dacht dat het voor de dochter was en de dochter dacht dat het voor 'Utrecht' was. Soms bleek het alleen om informatie te gaan waar een lid van de raad van bestuur jaren geleden eens ad hoc om gevraagd had, uit een plotselinge behoefte om eens goed op de hoogte te raken van een bepaalde kwestie. Soms was het formulier alleen bedoeld om de status van iemand op het hoofdkantoor te verhogen. En vaak bleek ook dat een formulier de schijn wekte dat er controle werd gepleegd en verkregen. Daarvan was echter meestal geen sprake.

Ter wille van de eenvoud van de selectie van nuttige en onnutte papieren hanteerde ik het knars-en-piepsysteem. Dat werkt als volgt: als dochter en staf het over het nut van een formulier eens waren, was het goed en kon het blijven. Als een van de partijen knarste dat hier sprake was van bureaucratie of schijn, dan verdween het formulier ter plaatse in de papierversnipperaar. Letterlijk. Ik ging ervan uit dat als zo'n formulier nuttig was, later iemand ergens wel zou gaan piepen. Dat is overigens niet voorgekomen.

SHV is geen klein bedrijf, maar het verbaasde me toch om later te horen dat deze exercitie ons waarschijnlijk een kleine miljoen (!) stuks papier per jaar had bespaard. Heel wat, al is het ook wat overdreven. Voor veel formulieren die in de versnipperaar terecht waren gekomen, waren namelijk weer andere paperassen nodig voor de onderbouw ervan. Sommige werden zelfs dagelijks opgesteld, de meeste echter per week of per maand, vanzelf-sprekend allemaal in veelvoud. Het is leerzaam bij de voorbereidingen tot een bedrijfsbezoek eens te vragen alle computeruitdraaien van een maand voor u klaar te leggen. Is een kruiwagen of een vrachtauto voldoende?

Op het hoofdkantoor in Utrecht werken we nu – tot we weer iets beters vinden – met dezelfde cijfers die de bedrijven toch al nodig hebben voor hun eigen doeleinden. Er wordt voor het hoofdkantoor niet een aparte cijferstroom op gang gehouden, tenminste dat is de bedoeling. Maar de mens is zondig en zondigt graag. De hoogste drie echelons van de organisatie – de raad van commissarissen, de directie van shv en de bedrijfsdirecties – werken met gezamenlijk gedeelde en dezelfde informatie. Alles cijfermatig per maand gerangschikt op een A4'tje, en afgezet tegen het formeel vastgestelde budget.

Van meer belang dan deze cijfermatige rapportage is echter de toelichting in eigen woorden van de bedrijfsdirecteur eveneens het liefst op één A4'tje. Vreemd toch, dat er nog zo vaak gezondigd wordt tegen het adagium van een samenvatting op een vel papier. Maar ook dat fenomeen herbergt zijn eigen verhaal: beslaat het maandverslag van een bedrijfseenheid regelmatig meer dan één A4'tje, dan is dat een feilloos teken dat er iets aan de hand is. Trouwens, als het regelmatig te laat komt ook.

Als de maandverslagen binnenkomen, gaan ze direct door naar de raad van commissarissen, meestal zonder verder commentaar. Geen bericht, goed bericht is hier het parool. Toch bellen de president-commissaris en ik elkaar ongeveer maandelijks even om een aantal goede en slechte zaken door te nemen. Echte miskleunen worden direct schriftelijk aan alle leden van de raad van commissarissen gemeld.

Hoe is de bedding van de belangrijkste informatiestromen in een bedrijf als SHV? Veel gaat via gesprekken. Als er ergens een echt beroerde zaak is, bel ik, als voorzitter van de directie, alle leden van de raad van commissarissen voor een mondelinge toelichting en om af te tasten of een speciale vergadering gewenst is. Als mijn collega's in de directie of leden van de staf een reis hebben gemaakt, komen ze altijd even bij mij en collega's buurten. Dat zijn de belangrijke momenten waarop de eerste signalen van problemen of mogelijkheden naar voren komen. Vaker zijn het niet de cijfers maar gesprekken als deze waarin voor het eerst mogelijkheden worden geopperd en problemen gesignaleerd. Dit informele circuit van informatie is weliswaar misschien belangrijker dan het formele, papieren circuit, het wil natuurlijk niet zeggen dat alle papieren rapportage afgeschaft dient te worden. De formele kanalen leveren de feiten en cijfers, de informele kanalen zorgen voor het transport van informatie vooraf, van de toelichting en van de achtergrond bij de formele gegevens. Snelheid is eveneens van belang; reisverslagen (één A4) kunnen via fax al verspreid zijn vóórdat betrokkene terug is.

Jaren van hard werken en veel overtuigingskracht zijn nodig voordat de informele structuren in een bedrijf even belangrijk worden gevonden als de formele. Sommigen zullen dit niet kunnen volgen: het vraagt immers om mensen die durven. De formele zekerheid die zich uit in: 'Dat is mijn afdeling niet,' 'Dat is zijn zaak', 'Dat hoort niet tot mijn competentie', of: 'Dat mag alleen ik weten', kalft af en moet plaats maken voor een bredere aanpak.

Daar waar de formele en de informele organisatie elkaar goed stimuleren, zoals in het grote veld van trainingsprogramma's en managementdevelopment, zijn het achteraf gezien vooral de informele contacten die in de herinnering blijven hangen, niet de formele.

Het opleiden van mensen in een onderneming is als een stromende rivier. Het gebeurt op elk moment, we leren elke dag. Programma's van verschillende aard – culturele leerprogramma's zowel als computergebruik, marktbenadering, inkooptraining, talen en nog veel meer – worden allemaal binnen een bedrijf geleerd. Hoeveel deftige woorden en betekenissen er ook aan gegeven worden – en hoe goed consultants er ook aan verdienen –, de deelnemers aan een studieprogramma bepalen zelf de informele kwaliteit. Er komt nooit meer uit dan de deelnemers erin stoppen, maar er kan wel meer uitkomen dan het programma erin stopt.

De informele organisatie is veel harder dan de formele omdat mensen, als ze zonder hun formele afwentelingsmechanismen moeten functioneren, worden geconfronteerd met hun eigen bijdrage aan de oplossing van een probleem, ook als ze dat probleem niet zelf hebben veroorzaakt. Binnen een bedrijfsorganisatie is het groot gif als er een stammenstrijd ontstaat over de vraag wie de stommiteit heeft begaan. Gelukkig hebben we daar bij SHV een pasklaar antwoord op: verantwoordelijk is altijd de hoogste in de organisatie. Het treft dat deze een ezel is.

Misverstanden over de werking van een informele organisatie ontstaan vaak doordat sommigen dit in hun gedrag en niet in hun denken vorm geven. Je kunt elkaar wel voortdurend ontmoeten in hemdsmouwen en elkaar bij de voornaam noemen, maar dat staat niet garant voor een goede probleemstelling en discussie. Veelal verbergt zo'n informele buitenkant zelfs autoritair en ongevoelig optreden. De kwaliteit van een discussie wordt door medewerkers herkend aan zowel de openheid als het resultaat ervan. Vragen stellen is een betere discussie dan stellingen poneren.

Terwijl de meeste formulieren richting hoofdkantoor

moeten gaan – als het omgekeerde zich voordoet is dat slecht –, dient de 'mensenbeweging' in tegenovergestelde richting plaats te vinden. Ik weet wel dat er managers zijn, vooral in de Angelsaksische cultuur, die er prat op gaan nog nooit een dochteronderneming bezocht te hebben, maar dat lijkt me een vorm van merkwaardig gedrag dat zichzelf zal overleven, vooral als het bedrijf in andere culturen en met partners gaat werken.

Juist het ter plekke bezoeken van de bedrijven en de partners, van leveranciers en afnemers, geeft 'feel' over de stand van zaken. 'Snuffelen' noemen we dat, als we weer eens op reis gaan. Niet iedereen bij de dochter die met een bezoekje wordt vereerd, zal dit altijd als prettig ervaren. Wat weet iemand van het hoofdkantoor nu van een ver land waar hij een paar dagen komt rondkijken? Hoe kan hij de typische problemen begrijpen die samenhangen met dat bepaalde land?

Dat is allemaal waar. Het lokale management is daar veel beter van op de hoogte dan het hoofdkantoor. Niemand zal dat betwisten. Toch is het regelmatige oog-in-oogcontact van bedrijfsdirecties en de staf noodzakelijk om het formele informatiecircuit kwalitatief op peil te houden.

De centrale leiding bepaalt uiteindelijk de omvang van de investeringen en de richting die het geld moet gaan. Om dat proces enigszins ordelijk te laten verlopen, werken we meestal met een jaarplan waarin – als het goed is, tenminste – van onderaf is opgebouwd wat de doelstellingen zijn, want ook hier geldt weer: hoe meer mensen in een organisatie betrokken zijn bij het opstellen van plannen, des te beter gemotiveerd ze zullen zijn. Het uiteindelijke jaarplan is dan de neerslag van hun eigen betrokkenheid *(commitment)*.

Zo heeft een lokale LPG-vestiging in Duitsland een plan dat opgestuurd wordt naar het hoofdkantoor van vloeibaar gas in dat land. Die centrale bindt een strik om de wensen en plannen van alle LPG-dochters in Duitsland, doet daar nog een paar eigen wensen bij en stuurt alles op naar Parijs. Daar krijgt SHV-dochter Primagaz hetzelfde soort pakketjes uit België, Nederland, Italië, Frankrijk, Marokko, Turkije, Oostenrijk en Denemarken. Parijs bundelt dat alles weer, doet er opnieuw een aantal wensen bij, maakt ten slotte een Franse optelsom en doet alles in blijde verwachting op de post voor goedkeuring en advies van SHV in Utrecht. Daar komen dergelijke pakketten binnen uit vele werelddelen, van Makro's, LPG, schroot en kolenbedrijven. Het hoofdkantoor bundelt dat allemaal weer, voorziet de plannen van een eigen optelsom en commentaar en legt ten slotte alles voor discussie en goedkeuring voor aan de raad van commissarissen.

Om dit hele proces goed te kunnen begeleiden, zijn het oogcontact, het informele gedeelte van de informatiestroom, het gesprek buiten de formulieren om, het krijgen van 'neus' en gevoel, het bedenken dat in verschillende landen en culturen verschillende opvattingen zijn, verschillende stadia van planningrijpheid, stuk voor stuk van elementair belang. Dat werkt alleen als de mensen in een organisatie ook werkelijk zelf verantwoordelijk kunnen zijn voor de uitvoering van de gemaakte afspraken. En dat is het eenvoudigste te realiseren als het hoofdkantoor van een bedrijf, de centrale, zo klein mogelijk is en de organisatie niet de vorm heeft van een piramide maar van een pannekoek.

13

Niets is zwart-wit

ZUID-AFRIKA EN DE ONMACHT

We hebben laten zien dat we niet één twee drie voor geweld opzij gaan, maar het water loopt ons over de lippen naar binnen.
(Algemeen Dagblad, 1987)

SHV is vanaf het begin van haar ontstaan aan het einde van de negentiende eeuw actief geweest in andere culturen, terwijl mijn voorvaderen al meer dan tweehonderd jaar geleden handel dreven met veel landen. Soms opereren we in maatschappelijke en politieke omstandigheden die in het veilige Nederlandse hoofdkantoor weleens wenkbrauwen doen fronsen. Omgekeerd moeten onze buitenlandse partners soms nogal wennen aan onze Noord-Europese, calvinistische opvattingen over wat wel en niet kan in onze cultuur van zakendoen. Dat leidt soms tot dilemma's die niet in een handomdraai zijn uit te leggen of op te lossen. De filosofische kernvraag is dan: wie is de rechter die erover oordeelt dat je in land A wel de lokale wetten mag overtreden om je eigen pakket van waarden en normen door te drukken, en in land B niet? Of sterker: wie oordeelt dat een Nederlands bedrijf elders de lokale wetten moet overtreden?

En concreet: wie bepaalt dat je in Zuid-Afrika wel de plaatselijke wetten mag – of zelfs moet – overtreden maar niet in België of Ierland?

De terreuraanslagen van een organisatie die zich RaRa noemt op drie vestigingen van de Makro in Nederland – in de jaren 1985, 1986 en 1987 – vormen ongetwijfeld een van de meest traumatische gebeurtenissen in de geschiedenis van SHV. Daarbij stond het zojuist geschilderde dilemma centraal. RaRa wilde SHV met het in brand steken van de Makro's dwingen tot het opgeven van onze belangen in Zuid-Afrika, een land dat toen nog door een blanke minderheidsregering werd bestuurd en de apartheid in haar wetten had vastgelegd. Een land bovendien waar veel westerse bedrijven – waaronder SHV – uit vele landen – waaronder Nederland – zaken deden.

De terreurgroepering RaRa stelde zich op het – in wezen zeer dictatoriale standpunt – dat haar eigen normen en waarden en waardenpatronen de enige juiste waren. Daar tegenover stond bijvoorbeeld de ondernemingsraad van diezelfde Zuid-Afrikaanse Makro's die – toen de crisis op haar hoogtepunt was – een wanhopig beroep op ons deed om hen niet in de steek te laten. Uiteindelijk moesten we dat wel doen: we hebben de handdoek in de ring gegooid en onze belangen in de zes Makro-vestigingen van de hand gedaan. Het was waarschijnlijk het zwaarste besluit dat ik in mijn hele loopbaan heb moeten nemen. Hoe kon het zover komen?

Toen SHV met de Makro's in Zuid-Afrika van start ging, hebben we een openbare beginselverklaring opgesteld, waarin we vaststelden dat wezenlijke sociaal-politieke veranderingen in dat land nodig zouden zijn voor een vreedzame, welvarende en democratische samenleving.

Wij zouden daar onze concrete bijdrage aan leveren door een reeks uitgangspunten, waaronder het uitbannen van discriminatie naar ras, geloof of sekse binnen het bedrijf.

Dat waren niet zomaar mooie woorden, dat waren glasheldere afspraken waarvan iedereen in het bedrijf doordrongen was. Daarnaast beloofden we in onze beginselverklaring dat alle werknemers gelijke kansen zouden krijgen. Dit is een kleine greep uit de afspraken in de beginselverklaring; er waren er meer in deze sfeer.

Deze en andere uitgangspunten werden op papier gezet en uitgewerkt in een concrete bedrijfsstrategie. Onderdeel daarvan was onder meer een huisvestingsprogramma voor werknemers die een woning wilden laten bouwen of verbeteren, er werd in overleg met de ondernemingsraad een onderwijsproject op poten gezet met studiebeurzen voor personeelsleden en hun gezinnen, er werden kortom uitgebreide plannen ontwikkeld om de – merendeels zwarte – werknemers de kans te geven hun omstandigheden fundamenteel te verbeteren.

Met dit niet-discriminatoir beleid kwamen we al snel in de problemen. Een voorbeeld: de wet in Zuid-Afrika schreef rassenscheiding voor bij de toiletten van de Makro. De bouwvergunning zou pas worden afgegeven als alles ordelijk ingepland zou zijn: toiletten voor blank, zwart en gekleurd, voor werknemers en voor klanten, voor mannen en vrouwen. Op de bouwtekeningen leek het wel of we een badhuis gingen bouwen in plaats van een winkel. De vergunning om de vestiging te openen zou pas worden verleend als na controle was gebleken dat we aan alle voorwaarden hadden voldaan. Smokkelen kon dus niet.

Toch zat het me dwars en toen ik in de loop van 1985 een bezoek bracht aan de nieuwbouw gaf ik, tot ontsteltenis van de lokale directie, opdracht de apartheid bij de toiletten af te schaffen. Om de directie een alibi te verschaffen, gebeurde dit nog tijdens mijn aanwezigheid, zodat ze mij de schuld konden geven. Direct werd het ministerie ingelicht over mijn besluit. Er werd stevig gewed of ik zou worden gearresteerd of niet. Ik geloofde daar niets van en kreeg gelijk: we hebben er nooit meer iets over gehoord.

Toch werd hier voor shv een belangrijk precedent geschapen: mag een 'buitenlands' bedrijf als het onze op eigen initiatief lokale wetten overtreden? En naar welke maatstaven wordt dat dan gemeten?

Die vraag speelde in zekere zin ook in een conflict dat we niet lang daarna kregen met het Nederlandse ministerie van Buitenlandse Zaken. Het ministerie eiste dat bedrijven die in Zuid-Afrika actief waren, een boekhouding bijhielden met daarin aantallen en kleur van de werknemers. Die gegevens zouden we moeten doorgeven aan het ministerie. Mijn vader steigerde over de dwang om mee te werken aan zo'n racistische boekhouding. 'Dat vroegen de Duitsers in de oorlog ook,' zei hij.

Daarmee was zijn opstelling glashelder verklaard en voor ons de kous af. Ik ben toen nog persoonlijk naar het ministerie gegaan om uit te leggen welke beweegredenen we hadden om medewerking aan zo'n racistische personeelsboekhouding te weigeren. shv had tijdens de bezetting geweigerd zo'n onderscheid te maken, we deden dat nu opnieuw.

Daar komt bij dat we op dat moment helemaal geen racistische boekhouding hadden. We zouden zo ver moeten gaan om mensen naar ras te gaan administreren en onze werknemers in Zuid-Afrika te vragen naar hun ras.

shv was volgens het ministerie van Buitenlandse Zaken het enige Nederlandse bedrijf dat in Zuid-Afrika actief was en weigerde mee te werken aan het verzoek van het ministerie.

Het ministerie was niet te overtuigen van ons principiële standpunt. Ik verdenk de ambtenaren van Buitenlandse Zaken er nog steeds van dat ze moedwillig de weigering van SHV hebben laten uitlekken naar de media, maar dan wel zonder de bijbehorende argumentatie. Dat zette SHV in een vervelend daglicht. In de pers waren we ineens de grote boosdoener, omdat onze weigering werd uitgelegd als steun aan Zuid-Afrika. SHV haalde er enkele keren de voorpagina's mee, en ofschoon we een paar keer onze opstelling mochten toelichten, bleef dat stigma hangen. In mijn ogen is dit het incident geweest dat de eerste aanzet heeft gegeven tot de terreur van de RaRa-groepering.

In de nacht van 17 september 1985 brandde de Makro in Amsterdam tot de grond toe af. De RaRa maakte zich bekend als de aanstichter en eiste het vertrek van SHV uit Zuid-Afrika omdat we daar met onze aanwezigheid de apartheid zouden steunen. Ons standpunt was dat die beschuldiging niet juist was. We wilden niet wijken voor chantage en terreur.

Omdat we in Zuid-Afrika bekendstonden als een bedrijf met een vooruitstrevend beleid, was het in onze ogen geen puur Zuid-Afrikaans conflict. Het bleek evenmin een conflict te zijn met de politieke groepering die de apartheid van binnenuit bevocht, het Afrikaans Nationaal Congres (ANC). Dat kan ik met zekerheid zeggen, omdat we in die tijd contact hebben gelegd met het ANC in Londen om te vragen of zij misschien achter de aanslagen zaten of de acties tegen SHV actief steunden. Het ANC liet ons daarop weten niets met de aanslagen te maken te hebben en er bovendien niet gelukkig mee te zijn. Achteraf gezien klinkt het misschien naïef, maar SHV heeft toen allerlei scenario's en mogelijkheden de revue laten passeren en dit was er één van.

Een jaar later, op 18 december 1986, brandde de Makro in Duiven volledig uit. Nog geen maand later volgde de derde brandstichting in de vestiging in Nuth. De branden leverden een gezamenlijke schadepost op van zo'n honderdvijftig miljoen gulden. Dat bedrag werd grotendeels gedekt door de verzekeraars, maar voor het bedrijf resteerde een schadepost van toch nog ettelijke miljoenen guldens.

Daarna volgden de ontwikkelingen zich snel op. Op 12 januari 1987, twee dagen na de brand in Nuth, maakte RaRa bekend binnen enkele weken de Makro-vestiging in Delft plat te branden, de eerste in de rij van alle resterende Makro's in Nederland die in brand zouden worden gestoken. Dat was zestien maanden nadat RaRa haar eerste aanslag pleegde. Justitie en politie hadden op dat moment geen enkel aanknopingspunt omtrent de identiteit van de daders (overigens in 1995, acht jaar later, nog steeds niet).

Intussen was de druk op het personeel van het bedrijf in die periode van zestien maanden zodanig toegenomen dat het eigenlijk niet meer acceptabel was om die spanning nog verder te laten oplopen. De gebeurtenissen hadden bij het personeel van ons bedrijf overigens wel een geweldige spirituele opleving tot gevolg. Het elan was enorm: handtekeninglijsten van werknemers die aanboden 's nachts in de Makro-vestigingen te komen slapen, er werden bloemen en telegrammen gestuurd. De reacties waren hartverwarmend, ook van de Nederlandse bevolking, die ons massaal steunde. Bij nieuwe terreuraanslagen moesten we er echter rekening mee houden dat werknemers van de Makro in levensgevaar zouden kunnen komen. Voor een directie van een bedrijf is dat een onmogelijke afweging: wie kan de verantwoordelijkheid dragen als een nieuwe brand mensenlevens zou vergen?

Ook na de tweede brand hebben we intensief – mondeling en schriftelijk – contact gezocht met het ministerie van Justitie en dat van Binnenlandse Zaken. Die gesprekken verliepen zeer onbevredigend. Bewaking door politie werd eerst toegezegd en daarna ingetrokken; een speciale officier van justitie werd door het kabinet aangesteld, die eerst meldde dat hij in het weekend niet werkte en op maandag een collega van mij mededeelde dat hij drie problemen had: geen tijd, geen mensen en geen geld. Een dooddoener.

Sterker: de overheid was actief bezig om ons in de media verdacht te maken en daaraan deed de minister-president mee. Bij zijn wekelijkse persconferentie op de vrijdag, naar ik denk ingefluisterd door een andere minister, zei hij dat de Makro deels zelf schuld had aan de branden: we zouden niet voldaan hebben aan alle veiligheids- en brandweervoorschriften.

Toen ik dat nieuws die vrijdagavond om een uur of elf hoorde, zat ik nog op kantoor en heb toen direct actie ondernomen om na te gaan wat daarvan waar kon zijn. De verantwoordelijke werknemers van de Makro moesten zaterdagmorgen naar hun bedrijf of wat ervan over was om alles na te kijken wat met brand- en veiligheidsvoorschriften te maken had en inventariseren of, en zo ja welke, problemen of klachten van politie of brandweer we hadden gehad. Daar zijn ze het hele weekeinde mee bezig geweest maar er werd helemaal niets gevonden: alle brandweerverordeningen en veiligheidseisen waren in orde.

Ook NRC *Handelsblad* besteedde aandacht aan deze beschuldiging. De krant benaderde alle brandweercommandanten en politiecommissarissen in steden met een Makro-vestiging met de vraag of er ooit klachten of problemen waren geweest over de voorschriften en de naleving ervan bij onze vestigingen. Het antwoord op die vraag werd in het artikel dat vervolgens verscheen, beantwoord met een ondubbelzinnig 'nee'. De Makro had een goede reputatie bij politie en brandweer, zo bleek uit de reacties, omdat we deden wat ze vroegen. Toen ik dat artikel in de betreffende krant las waarin de beweringen van Lubbers zo glashard werden tegengesproken, wist ik zeker dat er krachten in het spel waren die de Makro de nek wilden omdraaien.

Ik trok toen de conclusie dat we deze strijd nooit zouden kunnen winnen. Een minister-president die uitlatingen doet die apert bezijden de waarheid zijn, een minister van Justitie en een minister van Binnenlandse Zaken die zeggen dat zij niet over voldoende politiemensen beschikken om de Makro's te bewaken tegen aanslagen, terwijl in diezelfde week wel duizend agenten op de been kwamen om een risicovolle voetbalwedstrijd te begeleiden: op een bepaald moment wist ik zeker dat we tegenover krachten stonden die groter waren dan wijzelf.

Het doorslaggevende probleem dat zich na de derde brand voordeed, was echter dat onze Britse verzekeringsmaatschappij op 12 januari 1987 met onmiddellijke ingang alle verzekeringen van de Makro's wereldwijd annuleerde in verband met wat ze zelf 'politieke risico's' noemde. Dat kan natuurlijk niet zomaar, we tekenden beroep aan en een week later leek het dat de verzekeringen in elk geval nog dat jaar zouden blijven doorlopen. Maar als een bedrijf moet gaan bekvechten met een grote verzekeraar over dergelijke dingen, is het grondig mis, want zelfs al heb je gelijk, dan nog zal geen enkele andere verzekeraar hangende dergelijke juridische procedures zijn vingers willen branden. Bij navraag bleek toen ook dat geen enkel verzekeringsbedrijf dekking wilde verlenen tegen de RaRa-aanslagen. Bij contacten met verzekeraars gedurende het weekend werd al snel gewezen op de uitspraak van de overheid 'dat Makro de veiligheidsvoorschriften niet goed had opgevolgd en dat verzekeren derhalve in de toekomst ook moeilijk zou zijn'.

De slotsom was dat bij alle bestaande Makro-vestigingen juridische onzekerheid bestond over het percentage van de dekking, dat er bij de drie afgebrande vestigingen grote onzekerheid bestond over een dekking na de herbouw, en dat het in elk geval onmogelijk zou zijn nieuwe Makro-vestigingen te verzekeren, waar ook ter wereld. Op dat moment bedroeg het potentiële financiële risico voor shv zo rond de honderd miljoen gulden, een bedrag dat nog zou kunnen oplopen tot een veelvoud daarvan als de verzekeringen van alle shv-bedrijven – naast de Makro's – uiteindelijk ook op losse schroeven kwam te staan.

Naar aanleiding van wat er met ons gebeurde lanceerde voorzitter Van Lede van de belangrijkste Nederlandse werkgeversorganisatie een plan voor een waarborgfonds waarin bedrijfsleven en overheid samen zouden participeren. Het fonds zou alle Nederlandse bedrijven uitkomst moeten bieden tegen schade als gevolg van politieke terreur en aanslagen van welke omvang en waar dan ook.

Los van het feit dat veel bedrijven die hierover werden benaderd er direct heel positief op reageerden, had het shv in Zuid-Afrika kunnen redden.

Een overheid die – mede – garant staat voor schade als gevolg van terroristische aanslagen, is niet zo vreemd als misschien op het eerste gezicht lijkt. Ook landen als Groot-Brittannië (waar men te maken heeft met de kwestie Noord-Ierland) en Spanje (de Baskische onafhankelijkheidsbeweging ETA) vergoeden schade die wordt veroorzaakt door politieke aanslagen, omdat dergelijke aanslagen anders een geweldige grote rem zouden zijn op economische activiteiten en op de welvaart in een bepaald gebied. De steun van de regering voor de vorming van zo'n waarborgfonds bleef echter uit. In een laatste poging om de zaak te redden heb ik zondag 18 januari in een gesprek met minister-president Lubbers gevraagd of de overheid bereid zou zijn het financiële risico van ons over te nemen. Bij dat gesprek had ik ook oud-premier De Jong uitgenodigd om als een soort getuige en onafhankelijk toehoorder te fungeren. De oproep was vruchteloos. Toen restte ons niets anders dan de handdoek in de ring te gooien.

De volgende dag, maandag 19 januari, maakte SHV bekend dat het zijn belangen in Zuid-Afrika van de hand zou doen. De onrechtvaardigheid van deze beslissing was tastbaar, we hadden het gevoel dat we gedwongen werden ons bedrijf in Zuid-Afrika in de steek te laten en dat we door de knieën moesten voor terreur.

Vrijwel direct daarna ben ik naar Zuid-Afrika gevlogen om onze belangen daar van de hand te doen. We voerden besprekingen met onder meer een bevriende ondernemer, die aanbood onze bedrijven in Zuid-Afrika te managen en weer terug te geven op elk door ons gewenst moment. Dat vond ik een geweldig genereus aanbod, maar omdat deze ondernemer ook in Nederland aanzienlijke belangen had, was ik bang dat hem dat even kwetsbaar zou maken voor wraakacties als wij waren geweest. Dat aanbod heb ik daarom afgeslagen. Onze zes Zuid-Afrikaanse Makro's zijn uiteindelijk overgegaan in handen van de Zuid-Afrikaanse onderneming Wooltru. Er waren genoeg Makro's afgebrand.

Een merkwaardig staartje:

In januari 1988 werd ik door een functionaris van de landelijke inlichtingendienst op diens verzoek bezocht. Hij suggereerde dat een van mijn dochters actief lid van de RaRa was. Haar auto was gesignaleerd bij RaRa-bijeenkomsten – en hij noemde tijd en plaats. Ik vroeg om fotografische bevestiging (de auto had een speciaal kenmerk), en vroeg bij mijn dochter na.

Zij had op het door de inlichtingendienst genoemde tijdstip dienst in een hotel. De foto van de auto heb ik ook nooit gekregen.

Waarom al deze kwetsende kletskoek? Wie van de politici wilde me onder druk zetten en waartoe? Was het naar aanleiding van een kritisch artikel in NRC *Handelsblad* kort tevoren, waarin het optreden van politici in de 'Makro-zaak' werd gehekeld? De inlichtingenman zei me desgevraagd, dat hij 'alleen maar door Den Haag was gestuurd' en er verder ook niets van wist.

14

Iedere werknemer is zijn eigen ondernemer

WAAROM SHV TE WEINIG
GOEDE MANAGERS HEEFT

Practise non action, work without doing.
(Tao)

De kernvraag bij ondernemerschap is: hoe kunnen de
dingen het beste worden gedaan? Omdat we werken met
mensen en omdat we dicht tegen klanten en eindverbrui-
kers aan zitten, hebben we bij SHV geprobeerd een organisatie te scheppen die begrip heeft voor wat de klanten
beweegt en die tegelijkertijd intern zo is opgezet dat je de
zaken optimaal voor elkaar krijgt.

Omdat SHV geen piramide is maar een platte organisatie, vindt het ondernemerschap intern plaats op duizenden manieren en door even zovele medewerkers. Het is
niet het exclusieve domein van de directie, van de top van
het bedrijf. Werknemers op alle niveaus kunnen ondernemerschap ontplooien, door zich verantwoordelijk te voelen, nieuwe initiatieven te nemen, ideeën te ontwikkelen.
Dat proces proberen we te stimuleren binnen de kaderlij-
nen van de bedrijfsfilosofie en op een zo kleinschalig mogelijke manier, op de werkvloer. Ons ideaal is dat de mensen op hun werk lachen, dat ze een grote verantwoordelijkheid hebben, dat ze trots zijn op die verantwoordelijkheid en dat ze uitstekend met hun collega's kunnen samenwerken bij het optimaliseren van hun prestaties. Ten
slotte verwachten we flexibiliteit, zodat ze zich in een ver-

anderende wereld kunnen aanpassen aan zich wijzigende omstandigheden, zonder daarbij het lachen te verleren.

Als mensen zich die inspanningen willen getroosten en daar succes mee hebben, belonen we dat goed. In 1993 keerde SHV in totaal 75 miljoen gulden uit als beloning van intern ondernemerschap, in de vorm van gerichte winstuitkeringen aan een groot aantal medewerkers over de wereld. Dat geeft wel aan dat we ondernemerschap op elk niveau willen stimuleren. Natuurlijk is het daarbij wel zo dat de omvang en de aard van de initiatieven meegroeien met die van de verantwoordelijkheden. Hoe meer verantwoordelijkheden, des te meer mogelijkheden iemand heeft om ondernemerschap te ontplooien. Die stelregel geldt voor zowel de omvang als het soort van de initiatieven. In de top is het gemakkelijker om met nieuwe initiatieven te komen die afwijken van de normale bedrijfsactiviteiten dan onder in de organisatie. Maar creativiteit is op alle niveaus noodzakelijk. Naarmate je lager in de organisatie staat, wordt de speelruimte voor die creativiteit beperkter van omvang, maar het belang blijft voor het bedrijf even groot.

Ook op het niveau van de dame aan de kassa van een Makro is er ruimte voor creativiteit, voor eigen verantwoordelijkheden die extra kunnen worden beloond. Neem bijvoorbeeld diefstal. Gemiddeld wordt ongeveer een half procent van onze totale Makro-omzet gestolen. Dat lijkt niet veel maar over het geheel genomen is dat elk jaar de inhoud van een volledige Makro. Wie nog nooit zo'n winkel heeft gezien, kan ik verzekeren dat dit een enorme berg spullen is. Hoe vinden die diefstallen plaats? Iemand pakt een doos met pakken zeep uit het rek, breekt die doos open, stopt een paar dure sportschoenen tussen de zeeppakken, en stapt ermee naar de kassa, klaar is Kees. Eenvoudige winkeldiefstal door klanten, en soms ook door werknemers.

Hoe pak je dat aan? Zet je overal camera's neer? Intensievere controle bij de uitgangen? Steekproefsgewijs, zoals bij de douane? Het zijn ingrijpende en dure methoden waarbij ik mijn twijfels heb over de resultaten. Veel beter leek het me om op het niveau van een kassajuffrouw een premie op het tegengaan van diefstal uit te loven. En daarmee eigenlijk het ondernemerschap te stimuleren en te belonen van iemand die achter de kassa zit en van daaruit veel zicht heeft op wat er in het bedrijf gebeurt.

In een bepaalde winkel in het buitenland hadden we een diefstalpercentage van meer dan vier procent. Wat er precies aan de hand was, wisten we niet, maar een duidelijk probleem was het wel. Op een bepaald moment hebben we tegen het personeel gezegd: van elk procent omzet waarmee we de diefstal kunnen terugdringen krijgt u de helft bij uw salaris opgeteld.

Wat bleek? Binnen een jaar was het diefstalpercentage terug naar minder dan twee. Er deed zich een tweede opvallend verschijnsel voor: vlak na het bekend worden van de maatregel nam een aantal mensen ontslag. Dat waren klaarblijkelijk de dieven of anderszins betrokkenen. Met zo'n maatregel betrek je het personeel bij de oplossing van het probleem, iedereen wordt medeverantwoordelijk. En dus zeiden de personeelsleden, die heus wel wisten wat er in hun winkel aan de hand was, tegen hun stelende collega's: alles goed en wel, maar nu is het afgelopen, want nu kom je met diefstal ook aan mijn inkomen. Die mensen werden uit de organisatie gestoten door hun eigen groep.

Het ondernemerschap is op alle niveaus van een bedrijf van belang. Klantenrelaties worden meestal niet in de top maar in de voet van een bedrijf gemaakt en onderhouden. Een vriendelijke behandeling, hulpvaardigheid, het ontwarren van een knoop met een klant, het zijn wezenlijke elementen in het ondernemerschap.

Daarom dient de 'basis' van het bedrijf van bovenaf te worden gestimuleerd bij het ontwikkelen van initiatieven. Maar waarom is dat in de praktijk zo moeilijk?

Dat zit 'm veelal in de aard van de middenmanager. In een organisatie zoals de onze, met ruim zestigduizend werknemers, heb je ongeveer tienduizend managers. De grote problemen zitten in de kwaliteiten van deze groep managers, op alle niveaus.

Omdat SHV een betrekkelijk platte organisatie is, werken we zo min mogelijk met een lange 'chain of command'. Daarom hebben managers vaak het gevoel dat ze allerlei handgrepen moeten toepassen om hun positie te handhaven. Velen bouwen als het ware binnen de pannekoek hun eigen piramide. Ze hebben niet begrepen dat die macht automatisch gehandhaafd wordt als ze succes hebben. Daarvoor is een gedachtesprong nodig, waarbij macht en gezag zich niet meer uiten in het verstrekken van bevelen maar in het gezamenlijk bespreken en oplossen van problemen. Die sprong wordt door duizenden managers in ons bedrijf niet gemaakt en daar komen altijd weer de wrijfpunten uit voort.

De mensen op de werkvloer bij de gasbedrijven en de Makro's zijn van goede wil, maar te vaak zit er een manager boven die allerlei persoonlijke motieven heeft om de dingen anders te doen dan hij ze zou moeten doen. Ik durf dit te erkennen omdat in mijn ogen het allermoeilijkste onderdeel van ondernemerschap in een groot concern het handhaven of verbeteren is van de kwaliteit van het management op alle niveaus.

Een manager die werkelijk succesvol is, heeft geen moeite met gezagsverhoudingen; zo iemand heeft als persoon al informeel gezag. Hij of zij lost zaken in teamverband op, met een element van instructie, een deeltje gezamenlijke ontwikkeling en een groot, open oor voor kritiek en opmerkingen zonder de leiding te verliezen. Maar de meeste mensen zitten zo niet in elkaar. Ik schat dat bij SHV misschien drie of vier op de tien managers aan deze criteria voldoen. Het probleem is dat je daar bij de opleiding wel enigszins aan kunt schaven, maar veel meer ook niet. De basis is er, of die is er niet.

Managers die volgens dit stramien hun afdelingen runnen zijn direct herkenbaar: je hoort ze namelijk nooit mopperen. Ze hebben afdelingen die goed draaien, ondanks de problemen die overal voorkomen en ondanks alle veranderingen die overal plaatsvinden. Maar omdat er nou eenmaal te weinig van dergelijke managers zijn, heeft een bedrijf als het onze er altijd een aantal rondlopen die deze eigenschappen niet hebben. Deze groep neigt ertoe te denken en te opereren in termen van instructies, van bevelen. Als een manager gedurende zijn hele carrière instructies uitvaardigt, dan krijgt hij mensen om zich heen die geen eigen initiatieven meer ontwikkelen. Na verloop van jaren komt er heel weinig meer uit zo'n groep en uiteindelijk verlies je daarmee de slag. Het bedrijf kan de concurrentie niet volgen, blijft achter met managers die de prestaties van het bedrijf frustreren.

Dan zijn er ook de managers van het eeuwige overleg. Zij slepen zichzelf en iedereen van vergadering naar vergadering en er gebeurt weinig, of niets, of veel slechts.

Een vaste hand in de grote lijnen en ruimte aan anderen om daarbinnen zelf ideeën te ontplooien is de juiste houding, die helaas, zeldzaam is.

Ondernemerschap zo laag mogelijk op de werkvloer geeft zowel kansen als problemen. Zo besloten we bij een Makro-vestiging op een bepaald moment om de kledingafdeling onder verantwoordelijkheid te brengen van twee of drie mensen die daar veel gevoel voor hadden. Ze kregen aardig wat bevoegdheden, zoals een grotere invloed op de inkoop en de presentatie van de kleding in de winkel. En wat nog belangrijker was: ze kregen de kans te leren van hun fouten, we gingen niet meteen zitten vitten als het een keertje misging. Het werd een groot succes, maar ze trapten op de tenen van de inkopers.

Dat schept nieuwe problemen, want er is in een werkgemeenschap altijd wel een vorm van rivaliteit. Dan worden bijvoorbeeld degenen die de schoenen of de muziekafdeling doen, ineens jaloers op het succes van hun collega's van de kleding. Een goede manager kan daarop inspelen en ervoor zorgen dat werknemers met grote deelbevoegdheden zich niet afzonderen van de rest. Hij kan bijvoorbeeld dezelfde aanpak introduceren bij de schoenen of de muziekafdeling als de mensen dat willen. Maar de meeste managers willen liever niet die kant op, die zijn eerder geneigd te denken: dat geeft alleen maar gedonder in mijn winkel.

In de selectieprocedures voor nieuw personeel bij de SHV zie ik vaak dat managers geneigd zijn mensen aan te nemen van wie ze het gevoel hebben dat ze in het sjabloon passen, niet alleen loyaal zijn, maar ook volgzaam. De mensen die weliswaar loyaal zijn maar ook ideeënrijk en voortdurend lastig, komen tot mijn spijt veel moeilijker door de procedures. Een manager wiens eerste prioriteit het is om zijn gezag te handhaven, neemt geen lastige mensen aan. De goede manager daarentegen vindt nooit dat hij te veel lastige mensen heeft, die zoekt ze. Zo iemand moet goed functioneren in een wat anarchistische omgeving, want lastige mensen geven immers altijd meer gedoe dan volgzame types. Maar ze presteren vaak meer.

Een van de meest frustrerende dingen die een president-directeur van een bedrijf ervaart, is het verzet dat er in een organisatie bestaat tegen het werkelijke talent. Talent stroomt slecht door naar boven omdat zovelen het als een bedreiging ervaren. Ik kreeg een paar jaar geleden uit mijn kennissenkring het signaal dat er iemand bij ons bedrijf ongelukkig was omdat ze te weinig te doen had, te weinig uitdagingen ondervond. Ik had die mevrouw nog nooit van mijn leven ontmoet – nog steeds niet, trouwens. Ik vertelde mijn collega van de Makro's dat er in die ene vestiging kennelijk iemand zat die uit het goede hout gesneden leek: rusteloos, drammerig, ambitieus, kortom: het soort mensen dat we graag willen hebben. Dat bleek echter heel anders te werken. Er was niemand die tegen haar zei: 'Omdat u zo ambitieus bent, heb ik hier een heel moeilijke klus, laat maar eens zien wat u kunt.' In plaats daarvan kreeg die dame te horen: 'o, zeker promotie maken via de hoogste baas? Zo werkt dat hier niet.' Terwijl die mevrouw niet eens wist dat haar familielid mij had gesproken.

In de dertig jaar dat ik bij shv heb gewerkt, heb ik nooit onoplosbare problemen gehad met integere mensen. Waarschijnlijk komt dat doordat ik een gouden regel hanteer: ik doe wat ik zeg en ik zeg wat ik doe. Op basis daarvan weet iedereen wat ze aan me hebben. De autoritaire manager daarentegen zal vaak de neiging hebben slechts de halve waarheid te vertellen. Vaak sneuvelt het slechte nieuws als eerste, omdat negatieve berichten ook de eerdere beslissingen van de chef ter discussie stellen; dat ondergaan veel mensen als gezagsondermijnend. Bovendien houden slechte managers graag een stukje van de waarheid achter omdat kennis nou eenmaal macht is: 'Ik weet iets wat jij niet weet.' Bij shv staat in principe een rode kaart op het vertellen van leugens, omdat het indruist tegen de bedrijfsfilosofie. Daarin staat onder meer ook dat 'slecht nieuws' sneller moet reizen dan goed nieuws. Op die manier schep je vertrouwen in elkaar. De slechte manager die al zoveel moeite heeft zijn gezag te handhaven, zal echter voortdurend proberen slecht nieuws te onderdrukken.

Ik was eens in Engeland onverwacht op bezoek bij een van onze winkels. De store manager was er toevallig even niet, ik liep daar rond met de manager food en de manager non food. We raakten aan de praat bij een kopje thee en toen vroeg een van hen of hij mij misschien een zeer persoonlijke vraag mocht stellen. 'We hebben begrepen dat u een stuk heeft geschreven dat de corporate philosophy heet,' zei hij, 'maar volgens de store manager mogen we die niet inzien. Waarom eigenlijk niet?' Terwijl die bedrijfsfilosofie uiteraard voor alle werknemers van SHV is geschreven, van hoog tot laag. Over die ene slechte manager ben ik toen toevallig gestruikeld, maar er moeten er binnen SHV honderden zijn.

TEAMBUILDING

Ik ben vragensteller. Ik beweer niet dat ik het weet.
(Interview in *de Volkskrant*, 1991)

Toen ik in 1984 president-directeur van SHV werd, had het bedrijf net tien magere jaren achter de rug en was op zoek naar een nieuwe koers. Dat was natuurlijk een prachtige voedingsbodem voor een nieuwe aanpak en ik wist precies wat ik wilde. Al tien jaar eerder had ik een plannetje opgesteld waar ik in geloofde. Mijn plan was heel eenvoudig en bestond uit drie delen: in de eerste plaats moeten we bij SHV alleen de dingen doen waarin we bewezen hebben dat we goed zijn, en ten tweede moeten we uitzonderlijke dingen doen, want de hele wereld is al bezig om het vanzelfsprekende te doen. Het derde onderdeel van mijn plan luidde: succes hangt niet af van onze ideeën of producten, maar van onze mensen.

SHV heeft de afgelopen tien jaar veel succes gehad. Dat is niet het succes van een eenling, maar een gevolg van teamwerk. Op de een of andere manier zijn we erin geslaagd om goede teams te maken.

Om dat te bereiken heb ik ontzettend veel van mijn tijd – ik schat de helft – in mensen gestoken. Ik heb heel vaak met mensen van het bedrijf bij mij thuis open en boeiende discussies gevoerd. Dat was een vorm van teambuilding, je probeert ervoor te zorgen dat iedereen in dezelfde geest weer naar huis gaat, met de gedachte dat het een fijn bedrijf is om voor te werken. Succes is een product dat alleen gemaakt wordt door mensen.

Een van mijn methodes om de ondernemersgeest bij werknemers te stimuleren, is geweest om dwars door de organisatie heen mensen te promoveren over anderen heen. We hebben veelvuldig klussen aan mensen gegeven van wie werd gezegd: 'Dat redt-ie nooit.' Bij het opstarten van de Makro in een nieuw land heb ik vrijwel altijd zelf bepaald wie de klus moest gaan klaren. Zonder uitzondering kreeg ik vervolgens schriftelijke en mondeling mededelingen van mensen uit mijn omgeving die me waarschuwden dat ik de verkeerde op het oog had. Het is een merkwaardig verschijnsel, waarbij ik me afvroeg wat er eigenlijk op de achtergrond meespeelde. Is het de authentieke mening van de een over een ander, of is het een defensiemechanisme van mensen die onbewust of bewust denken: als het misgaat, heb ik er in elk geval voor gewaarschuwd. Want hoe dan ook blijft het een ongewis avontuur, je kunt nooit weten of iemand berekend is op zo'n baan of niet.

Tientallen jaren heb ik met dat bijltje gehakt en al die tijd heb ik voor mezelf nooit dit vraagstuk kunnen oplossen: maakt de president het Witte Huis of maakt het Witte Huis de president? Wat is de invloed van de verantwoordelijkheid op de persoon, en van de persoon op de verantwoordelijkheid? Hoe is dit te voorspellen?

In een onderneming met duizenden werknemers doet dat verschijnsel zich dagelijks voor, op alle niveaus. De introductie van ondernemerschap op alle niveaus verandert niet alleen het ondernemerschap van het bedrijf, het verandert ook de mensen die ermee worden belast. Teruggekoppeld naar de dames achter de kassa bij de Makro: middelbare vrouwen hebben, veel meer dan tienermeisjes, een verantwoordelijkheidsbesef voor wat ze doen. Ze zijn veel meer gewend om met geld om te gaan, ze zijn evenwichtiger en ze zijn minder vaak ziek omdat ze niet naar de disco gaan. Ze zijn beter geschikt om vormen van ondernemerschap te ontplooien dan tienermeisjes. Maar dan moet je ook een hoofd van de kassa-afdeling hebben dat een groep vrouwen van middelbare leeftijd kan stimuleren. Als dat niet zo is, dan valt het hele droombeeld van ondernemerschap in alle lagen van het bedrijf in duizend stukken uiteen. Dan komen er geen vrouwen achter de kassa te zitten, maar allemaal tienermeisjes die geen verantwoordelijkheden krijgen en dat ook niet hoeven.

Ik heb misschien veel macht om grote dingen te doen, maar wat ik ook hier vanuit mijn stoel zit te verordonneren: mijn concrete invloed op de kleine dingen neemt af naarmate de organisatie groter is. En dat kan knap frustrerend zijn. Zelfs als je een grote steen in het water gooit blijft het kabbelen aan de oeverrand.

ALLES NAAR BEHOREN SAMENGESTELD

Wie hard aan iets werkt, ontdekt vaak dat het geluk meewerkt. Binnen de top van SHV is dit zeker waar: er is hard gewerkt aan de onderlinge verhoudingen en het geluk heeft ons een handje geholpen.

De eerste zestig jaar van haar bestaan heeft SHV een directie gehad die (vrijwel) uitsluitend uit familieleden van de oprichters bestond. In de jaren zestig veranderde dit en alhoewel het familie-element een grote rol bleef en blijft spelen, is de 'invloed van buiten' zeer sterk. Dit vraagt om een speciaal gevoel voor familieverhoudingen en belangen van de directie. De niet-familieleden moeten een goede inschatting maken van wat wel en niet kan (emissies, dividenduitkeringen, topbenoemingen, stijl van handelen), terwijl het familielid, of de familieleden de ruimte moeten geven aan hun collega's die hun toekomt wat capaciteit en positie betreft. Op die manier kan een open en sterk team ontstaan, dat creatief en gezamenlijk onderneemt. Ook als een familielid door de organisatie heen ervaring opdoet – en hopelijk een carrière ontwikkelt –, is het van eminent belang dat de mensen in het bedrijf in volstrekte openheid en zonder 'kroonprinsvering' in teamverband met die aandeelhouder omgaan. Het moet immers zó zijn dat de kwaliteiten bepalend zijn en niet het aandeelhouderschap.

Vooral het laatste dozijn jaren als president-directeur ben ik zo gelukkig geweest een team van mensen te hebben, zowel in de directie als collega's als in de staf als adviseurs, dat uitblonk door aanpak, openheid en talent. Het is me meer dan eens overkomen 's avonds thuis de dingen overpeinzend, dat ik me afvroeg hoe zoveel geluk onze kant op was gekomen, vooral als je las hoe het anderen verging. Zo werd SHV in de jaren zeventig steevast vergeleken met Ogem en Internatio. Die drie bedrijven waren ongeveer even groot en in de ogen van journalisten redelijk vergelijkbaar. Het kan verkeren.

Binnen SHV werd ons team de laatste jaren 'Het Klavertje Vier' genoemd. Dat gaf ons te veel accolade, terwijl zoveel gedaan en bereikt werd door het honderdtal topfunctionarissen, de trekpaarden van alle SHV-activiteiten. Aan hen veel aandacht besteden is een belangrijk onderdeel van het succes.

SHV kent een cultuur van enorme inzet en 'erbij te horen' en verwerft daarmee een zekere exclusiviteit. Die exclusiviteit dient bewaakt en verzorgd te worden binnen het kader van presteren. Als een topmanager niet goed functioneert, is het essentieel dat er een andere verantwoordelijkheid wordt gevonden. Wie – vaak in verre landen – voor zichzelf en zijn familie risico's neemt, moet weten dat bij een mislukking de guillotine ongebruikt blijft. Dat instrument – wat de carrière betreft tenminste – komt pas uit de kelder als gezondigd is tegen de corporate philosophy.

De toekomst van een grote besloten vennootschap is afhankelijk van de wijze en intelligente combinatie van beslotenheid en het talent van zowel familie als niet-familieleden – op alle niveaus. Het dient de cultuur van het bedrijf te zijn dat alleen de allerbesten er kunnen werken. Dit is in de vorige eeuw al door voorvaderen als essentieel gezien. In onze generatie was het daardoor betrekkelijk eenvoudig die lijn door te voeren naar de top. Het familielid heeft daarbij de bijzondere ervaring gestimuleerd te worden door voortreffelijke mensen, terwijl in veel gevallen het jarenlang samen dingen creatief doen zich ontwikkelt tot vriendschap.

Het gaat voor hem of haar, die in een familiebedrijf werkt, immers niet alleen om het dividend, maar ook – terugkijkend om te kunnen zeggen: 'Het is meer, veel meer geweest dan geld.' Ik kan het weten.

15

Bescheidenheid is geen storm
en laat dood hout aan de boom

MACHT IS GOED

Het trieste van een zendeling is dat die het altijd
beter moet weten. Terwijl je juist moet leren twijfelen.
Twijfel en chaos zijn voortreffelijke voedingsbodems
om iets anders tot stand te brengen.
(Interview in *de Volkskrant*, 1991)

Macht heeft een slecht imago. Dat is jammer en niet terecht, want macht is goed. Ze is onmisbaar in de ordening van mensen en dingen die we ook wel 'maatschappij' noemen. Ze is altijd aanwezig in de meest succesvolle
samenlevingen, op voorwaarde dat macht is gevat in een
goed geordende structuur, die haar laat functioneren
maar tevens inperkt. Een goed evenwicht van die twee
elementen – macht en haar inperking – is een basisvoor-
waarde voor een gezonde organisatie.

Juist de associatie van macht met 'misbruik' heeft het
fenomeen zo'n slechte naam bezorgd. De gedachte dat
macht ten koste gaat van de individuele vrijheid of het
functioneren van een ander, is op zichzelf niet juist.
Macht schept ook mogelijkheden van wijsheid en ontplooiing. Niet de macht zelf, maar het ontbreken van in-
perkingen, van kaders om die macht heen, leiden immers
tot misbruik.

Een bedrijf zonder machtsstructuur is ten dode opge-
schreven. In de werkgemeenschap moet geen verwarring

bestaan over de vraag hoe besluiten tot stand komen. Daarom is duidelijkheid over die structuur van wezenlijk belang, zowel voor de formele als de informele machtsuitoefening. Dat staat los van de vraag hoe het met de inperking van macht in een bedrijf is gesteld.

Macht is een instinctief, natuurlijk fenomeen dat veel te maken heeft met onze behoefte aan sociale ordening en ons biologisch functioneren: niet zozeer met onze verstandelijke dimensie, maar met onze genetische imprint. Ze zit ons, zogezegd, in het bloed.

In de dierenwereld is macht een heel normaal en goed zichtbaar verschijnsel. De pikorde bij kippen, de omgang van ganzen onderling, de stekelbaarsjes die allemaal hun eigen stukje water hebben, dat heeft alles te maken met macht. Ook mensen hebben dat, als biologische wezens, in zich, misschien wel veel meer dan we ons realiseren. Ook in onze technologische, verzakelijkte en verstandelijke wereld krijgen we via onze ogen, oren en neus informatie verstrekt die voor het overgrote deel biologisch van aard is. Onze reukzin, tastzin en smaakorganen werken de hele dag op volle toeren. Weliswaar ruiken we in onze kunstmatige kantooromgeving niet meer zoveel, frutselen we niet meer zo intensief met elkaar als apen doen op hun rots en hebben we de impulsen die samengaan met de voedselvoorziening en paring aardig onder controle, toch vermoed ik dat ons denkproces en de wijze waarop we op andere mensen reageren, grotendeels gestuurd wordt door onze biologische, genetische imprint, door factoren die we slecht onderkennen.

Daar komt nog bij dat we heel weinig weten over hoe ons verstand werkt. Wat is de invloed van onze hersenen op ons karakter en handelen en vice versa? Waarom zijn Jan en Piet wel vrienden, maar Jan en Klaas absoluut niet, terwijl Piet en Klaas elkaar heel graag mogen? Welke krachten zijn hier aan het werk? Hoeveel weten we en hoeveel voelen we? Wat doen we, denken we, verwerken we, besluiten we in onze dromen, in onze slaap?

In een bedrijf moeten mensen samen iets voor elkaar zien te krijgen. Als zes mensen bij elkaar worden gezet in een team om samen aan iets te werken, dan is er na verloop van tijd een leider. Dat gaat vanzelf, maar waarom dat zo is en hoe dat proces werkt, dat weten we niet. Zelfs bij bedrijfsprocessen die op zichzelf helemaal geen leider nodig hebben, gebeurt dat. En niet alleen werkt het goed, ook blijkt dat het ontbreken van een duidelijk leider de mensen ongelukkiger maakt. Collectief leiderschap functioneert kennelijk niet. Ik denk graag over dergelijke dingen na, en vooral ook omdat ik niet weet waar ik precies over nadenk. Het gevoel van machteloosheid wordt gecompenseerd door dat van de uitdaging.

Het antwoord op de vraag wat macht eigenlijk is, hangt af van de perceptie van degene met wie je praat. Neem de macht van de president-directeur van een bedrijf als SHV. In de ogen van de man op de werkvloer van een dochteronderneming is dat iets heel anders dan in de mijne. Naar de meetlat van die werknemer heb ik heel veel macht. In diens ogen ben ik machtig omdat ik bijvoorbeeld vakantie kan opnemen wanneer ik wil, 's morgens zo laat op mijn kantoor kan komen als ik wil, mijn werk naar eigen smaak kan inrichten, investeringen kan doen of laten. Dat is natuurlijk allemaal waar, naar die maatstaven ben ik inderdaad machtig.

Dan zijn er ook de managers in het bedrijf die beweren dat de president-directeur veel minder macht heeft dan hij denkt, omdat hij immers alles moet bespreken met collega's in de directie met de raad van commissarissen, en met de ondernemingsraad, óf vrijwel alle beslissingen moet overlaten aan de directeuren van de dochterbedrijven.

Ook met die mening ben ik het oneens: ik denk dat ik meer macht heb dan die mensen denken, alleen: de lat waarmee je dat meet, is anders en bovendien gaat het veelal om een heel ander soort macht dan die mensen in gedachten hebben. Macht in mijn termen gaat bijvoorbeeld over de vraag of ik in staat ben een vulstation voor gasflessen te verplaatsen van Noord-Holland naar Brabant. Dat kan ik niet zomaar. Vanuit deze optiek gezien is mijn macht beperkt. Betekent dit dan dat ik weinig feitelijke macht heb binnen SHV? Ja en nee: het hangt er maar van af welke waarde ik kan toevoegen aan de vele processen en besluiten die in een bedrijf dagelijks spelen. En ook zijn de dingen soms niet wat ze lijken.

In de Nederlandse cultuur mag 'de baas' vooral niet laten merken dat hij macht heeft, zoiets wordt niet geaccepteerd. Ik speel het spel mee: ik zit daar ook maar toevallig op die stoel, ik weet het ook heus niet allemaal, ik ben dan wel de president-directeur maar eigenlijk heb ik bijna niks te vertellen. Als ik in China ben, moet ik dat spel heel anders spelen. Dan zeg ik duidelijk dat er maar één de baas is bij SHV en dat ben ik. Als ik tegen onze Chinese partner zou zeggen dat ik die macht niet had, dan zou dat totale verwarring zaaien. Hij zou dan direct willen weten wie er in het bedrijf wel de macht uitoefent, zodat hij zich direct met die persoon zou kunnen verstaan. Vooral in de Chinese economie, waarin hoofdzakelijk familiebedrijven functioneren, is de macht binnen een bedrijf gecentraliseerd bij het hoofd van de familie. Voor Chinezen is het ondenkbaar dat de macht in een bedrijf niet bij één persoon, de leider van de familie geconcentreerd is. De president-directeur van een multinationaal bedrijf moet in verschillende delen van de wereld verschillende maskers opzetten. Dit is de externe macht. De macht binnen het bedrijf is alweer anders.

Eerst iets over de beperking. Macht kan pas gedijen als ze wordt ingeperkt, en daarom is het van belang dat de omgeving zorgt voor die – natuurlijke of kunstmatige – kaders. Want op de een of andere manier lijken mensen geen ingebouwd mechanisme te hebben om zelf hun eigen macht in te perken. Dat begrenzingsmechanisme is misschien bij mensen wel net als bij dieren bepaald door de biologische beperkingen. Een stekelbaars heeft van zichzelf een natuurlijke beperking: hij kan maar een beperkt deel van het water controleren. Dat gebied is zijn territorium, daarbuiten heeft hij geen macht omdat hij dat gebied niet kan controleren. Als de stekelbaars niet uit zichzelf een biologische beperking had – hij kan nou eenmaal niet meer behappen dan een aantal meters in het vierkant – dan zou hij niet alleen het aquarium willen beheersen, maar de hele zee.

Net als apen hadden mensen vroeger ook zo'n biologische beperking: een territorium afgebakend naar mate van de mogelijkheid om het te kunnen controleren en behouden. Die natuurlijke begrenzing waarbinnen de mens zich vanaf zijn ontstaan heeft bewogen, is verdwenen. Relatief gezien pas sinds kort, hooguit duizend jaar van de honderdduizenden jaren dat de menselijke soort bestaat, is dat territorium via technische middelen uitgedijd. Tot – anno nu – een gebied dat de wereld omspant. Via telecommunicatie en transportmiddelen kunnen we tot aan de andere kant van de aardbol mensen en middelen controleren, of uitbuiten.

Juist daarom is het van belang dat onze macht kunstmatig wordt ingeperkt. Ten nauwst verbonden aan het begrip macht is het begrip 'conflict'. Macht zonder conflict is 'almacht', onmogelijk lang houdbaar in menselijke verhoudingen. Conflicten zijn een wezenlijk onderdeel van macht in een menselijke verhouding: conflicten met je omgeving, je buren, je organisatie, noem maar op, zorgen voor wrijving, voor prikkels die je weer nodig hebt om je bedrijf scherp te houden en je territorium te kunnen afbakenen.

Als macht in een organisatie zo overheersend wordt dat er van conflicten eigenlijk geen sprake kan zijn omdat het krachtsverschil en de dreiging te groot is, ontstaat vluchtgedrag. Mensen die het risico lopen van het ene moment op het andere ontslagen te worden, werknemers die het gevoel hebben absoluut geen invloed te hebben op de organisatie, die denken overgeleverd te zijn aan de macht van een ander, dergelijke mensen gaan gebukt onder angst en vertonen daarom risicomijdend gedrag. Dat is verlammend voor een organisatie omdat niemand zijn nek nog durft uit te steken en slecht voor de motivatie van mensen en voor de ideeënstroom in een bedrijf, zonder welke geen enkele onderneming kan overleven.

In de biologische wereld bestaan allerlei middelen om conflicten aan het licht te brengen en op te lossen. Tussen de totale vrede en de totale oorlog bevinden zich allerlei fasen, die bij alle partijen bekend zijn en goed worden begrepen. Als herten het met elkaar aan de stok krijgen, gaan ze intimideren, ze brullen, maken hun lichaam letterlijk dik. Ze gaan dicht naast elkaar lopen om elkaar hun zwakke zijkant te tonen, alsof ze zeggen willen: kom maar op, ik ben niet bang voor je. Als dat niet helpt, volgt het schijngevecht. Pas daarna begint het echte gevecht, als het dan tenminste nog nodig is.

In de samenleving gaat het in wezen niet anders toe. In Nederland hebben we in de jaren zeventig en tachtig intensieve discussies gehad over de uitvoering van de Wet op de Ondernemingsraden. Dat is een nieuw strijdperk, waar de gepolariseerde exponenten van arbeid en kapitaal elkaar kunnen treffen voor hun schijngevechten en hun dreiggedrag. De essentie van macht in een bedrijf is dat er conflicten worden opgeroepen in daarvoor bestemde strijdperken die de vorm krijgen van schijngevechten. Ik ben daarom blij met de aanwezigheid van een ondernemingsraad, omdat de ondernemer en de werknemer een ritueel machtsspel kunnen spelen waarmee je erger voorkomt. Omdat in onze samenleving de mensen zeer goed opgeleid en heel mondig zijn, zijn dergelijke methodieken heel geschikt om een echte oorlog te voorkomen. En daarmee zijn uiteindelijk zowel het bedrijf als de werknemers gebaat.

Als er een reorganisatie moet plaatsvinden bij een Nederlandse dochter van SHV, dan werkt het goed als je samen met de ondernemingsraad tot de conclusie komt wat er moet gebeuren. Zo'n oplossing kost dan misschien wel meer geld (bijvoorbeeld in de vorm van afvloeiingsregelingen) maar er gebeurt tenminste wat er moet gebeuren.

Overigens is een ondernemingsraad als strijdperk voor arbeid en kapitaal veel meer cultuurgebonden dan het misschien lijkt. In Nederland werkt het, in veel andere landen niet. De samenleving zit er anders in elkaar, de mensen in een bedrijf begrijpen dat soort gedrag van elkaar eenvoudig niet. Nog niet; evenmin als in 1880 een Nederlandse werknemer uit de voeten had gekund met een plaats in een ondernemingsraad. Dat zijn evolutionaire processen waarmee je rekening moet houden. In Engeland of Spanje bijvoorbeeld staan de exponenten van arbeid en kapitaal veel gepolariseerder tegenover elkaar dan in Nederland.

Verstandig overleg met geven en nemen wordt er vaak als onzinnig beschouwd. Het gevolg is wel dat daardoor het dreiggedrag niet goed is ontwikkeld: het zijn geen waakhonden die vooral heel veel blaffen, maar jachthonden die direct toebijten. Een waakhond is pas effectief als hij vele soorten dreiggedrag heeft ontwikkeld. Vaak is dreigen al voldoende om de klus te klaren. Als dreiggedrag niet tot de mogelijkheden behoort, moet er direct gebeten worden en dat leidt tot veel meer schade, vertraging en wantrouwen. Dat zie je in sommige ons omringende landen ook voortdurend gebeuren: in Spanje of Italië vinden allerlei ongelukkige stakingen plaats die niemand eigenlijk wil. Desondanks gebeurt het, want ze kunnen alleen maar bijten, ze hebben niet leren blaffen.

Daarom moeten we het biologische element in de samenleving niet over het hoofd zien. Dreiggedrag mogelijk maken, een platform scheppen voor het uitvechten van conflicten zonder dat er direct bloed vloeit, dat is het wezen van een ondernemingsraad, van de relatie tussen vakbonden en ondernemers, van cao-onderhandelingen van formeel en informeel overleg op het werk.

Ons eigen gedrag is waarschijnlijk veel meer biologisch bepaald dan we denken. In ons gedrag zijn we niet veel anders dan stekelbaarsjes of herten. Daar mochten we in het verleden nooit zo over praten: het werd snel gezien als een vorm van heiligschennis om in biologische termen te praten over menselijk gedrag, om beweegredenen te koppelen aan onze genen in plaats van aan hogere drijfveren. En naarmate er meer bekend wordt over onze genen, onze biologische imprint, blijkt dat de invloed daarvan op ons geestelijk gedrag veel groter is dan in de eeuwen de kerken en leiders van de samenleving dachten.

Wat is een vergadering anders dan een ritueel waarbij de deelnemers elkaars meningen aftasten, elkaar de maat nemen? We zitten daar dan weliswaar heel deftig in onze nette pakken om een tafel, maar als er nou vier verschillende meningen over tafel gaan, is dat dan niet hetzelfde als vier stekelbaarsjes die bezig zijn te bepalen welk deel van het aquarium van hen is?

16

De vele gezichten van macht

*Gevaarlijke macht verraadt zichzelf door gebrek aan
humor.*
(J.M. Fentener van Vlissingen)

In machtsstructuren spelen veel elementen mee die niet
goed rationeel te vatten zijn. We hebben de technische
kant van onze hersens goed ontwikkeld: we vliegen naar
de maan en bedenken computers, maar wat weten we van
de vraagstukken die te maken hebben met onze eigen die-
pere drijfveren? Wat kunnen we over onszelf zeggen? Het
is een bekende filosofische vraag: kan je rood beschrijven
als je het nooit gezien hebt?

In elk land is de definitie van macht en wat er met die
macht mogelijk is, weer anders. Macht in een bedrijf
heeft veel verschillende gezichten. Ze is vaak op ontelba-
re manieren ingeperkt volgens ongeschreven wetten, die
in elke cultuur weer net even anders kunnen zijn.

Er kan ook sprake zijn van een sterke 'groepsmacht',
zoals bijvoorbeeld mannen binnen een typische mannen-
cultuur. In de vele jaren dat ik personeelszaken bij SHV
heb gedaan, was mijn macht onvoldoende sterk om vrouwen een gelijke kans te geven in het bedrijf. Interessant
was overigens dat dit veel beter lukte in bedrijven die
nieuw werden opgericht in Azië en Zuid-Amerika. Maar
bij de andere bedrijven van SHV werd er weliswaar ge-

luisterd en geknikt, maar de realisatie van vrouwen op managementposities ging en gaat veel te traag. Om succes te hebben als ondernemer moet je durven: ook mensen verantwoordelijkheid geven en juist vrouwen. Deze zullen hard werken om te bewijzen dat ze het kunnen. Te weinig vrouwen in je bedrijf is een gemiste kans.

Macht en aanzien zijn nauw verweven. Als iemands aanzien keldert, bijvoorbeeld omdat hij iets doet wat niet wordt geaccepteerd, staat ook zijn macht direct onder druk. Laat een machtig mens maar eens aangeschoten en slechts gekleed in zijn onderbroek naar kantoor komen. Dan is het met zijn aanzien in het bedrijf snel afgelopen. Het is misschien een heel banaal voorbeeld, maar het geeft aan dat kledij en gedrag werken als een camouflagenet waarin macht gehuld gaat. Zonder dat net is die macht ineens heel kwetsbaar. Neem dronkenschap: in Europa en Noord-Amerika kan de leiding van een bedrijf het zich niet permitteren in het openbaar dronken te zijn. Maar in Korea of China wordt daar de schouders over opgehaald: het heeft geen nadelige invloed op je aanzien of je functioneren. In Rusland evenmin. Maar in een islamitisch land is dronkenschap natuurlijk volstrekt uit den boze.

In Engeland heeft Robert Maxwell, de gevallen mediatycoon, op een gegeven moment tegen de directie van het pensioenfonds van zijn eigen bedrijf gezegd: ik wil zeshonderd miljoen gulden uit dat pensioenfonds overgemaakt hebben naar die en die rekening. Dat is gebeurd en het bedrag is daarna verdwenen. In de Engelse cultuur is het kennelijk mogelijk dat de hoogste baas van een krant tegen het pensioenfonds van die krant zegt: 'Geef mij even zeshonderd miljoen', en dat de beheerders van het fonds dan zeggen: 'Natuurlijk, meneer, hoe wilt u het hebben?' In de Nederlandse cultuur is dat totaal ondenkbaar. Als ik een ernstige poging zou doen, zou ik waarschijnlijk nog geen vijfentwintig gulden uit het SHV-pensioenfonds kunnen krijgen. Sterker: als ik het al zou proberen, dan zou mijn machtspositie in het bedrijf zwaar op de tocht komen te staan omdat zulk gedrag hier absoluut niet geaccepteerd is.

Zo is de macht van de president-directeur van SHV niet alleen beperkt door ondernemingsraden, en een raad van commissarissen, bovendien liggen de grenzen van zijn invloed vast in heel veel geschreven statuten – de wet – zowel als ongeschreven regels. Mijn persoonlijke invloed heeft natuurlijk ook te maken met het feit dat ik eigen geld in het bedrijf heb zitten. Dat is gestoeld op de gedachte dat degene die het grootste risico loopt in een onderneming, er ook de meeste macht mag uitoefenen.

De macht die uit zo'n positie voortvloeit, is echter ook weer niet zo bestendig dat deze opgewassen is tegen slecht leiderschap. Althans in dit deel van de wereld is het zo dat iemand wiens macht voortvloeit uit zijn financieel belang, maar desondanks slecht leiding geeft, uiteindelijk door het bedrijf wordt afgestraft. Succes is de moeder van macht en mislukking de vader van het verwijt.

Er zijn culturen – Zuid-Amerika, Azië, misschien delen van Amerika – waarbij dat niet het geval is. Daar kan iemand die op grond van zijn geld de leiding en de macht over een bedrijf krijgt, soms zo lang doorgaan met een slecht bewind totdat de hele boel als een kaartenhuis in elkaar stort. Daar is kennelijk de continuïteit van de persoon en diens omgeving van veel groter belang dan dat van de onderneming. Een waardeoordeel dat over de wereld verschillend ligt.

Er wordt in Nederland weleens gesuggereerd dat een slecht functionerende president-directeur van een familiebedrijf veel langer mag blijven zitten dan in een openbaar bedrijf het geval zou zijn geweest. Dat is een vergissing, die waarschijnlijk is ingegeven door het feit dat conflicten en discussies over de kwaliteit van het leiderschap bij een familiebedrijf niet zo snel in de openbaarheid zullen komen als bij een beursgenoteerd bedrijf. Het kan er bij een familiebedrijf juist veel harder aan toegaan omdat een conflict hoger kan oplopen zonder dat er direct koppen rollen. Als het slecht gaat, is een familie veel kritischer, omdat het de eigen kring is. Kijk maar eens hoe kinderen met hun ouders omgaan. Of hoe broers onder elkaar kunnen zijn. Bikkelhard, recht voor zijn raap. Ze durven dingen tegen elkaar te zeggen die goede vrienden of kennissen niet over hun lippen krijgen.

De 'straf' op slecht functioneren is in een familiebedrijf in mijn ogen groter dan in een openbaar bedrijf omdat de kritiek ook vaak een persoonlijke toets krijgt. Kritiek van binnenuit is pijnlijker dan van buitenaf. Bovendien ben ik geneigd te denken dat een familie eerder aan de macht van een slecht functionerende president-directeur zal morrelen omdat het de betrokkenen geld kost. Hun eigen geld staat op het spel, niet dat van een grote groep anonieme aandeelhouders. Het enige verschil is dat het niet, of althans niet zo gauw, in de openbaarheid komt.

Er is nog een andere, zakelijke reden waarom macht die niet is gestoeld op kwaliteit maar alleen op geld, vroeg of laat het veld ruimt. Elk bedrijf is uiteindelijk altijd in concurrentie met andere bedrijven. De werknemer 'ruikt' na verloop van tijd of zijn 'leider' de juiste man is of niet. Als dat niet zo is, loopt hij weer weg. Zo komt een bedrijf in een neerwaartse spiraal waarbij een slecht leider of middelmatige leider allemaal mensen van minder niveau om zich heen krijgt. Daarmee duwt hij uiteindelijk zichzelf in het moeras.

Kortom: misschien komt iemand aan de macht op basis

van zijn geld, maar die macht kan alleen gehandhaafd worden door middel van resultaten. Zijn die er niet, dan bestaan er talloze rituelen om mensen hun macht af te pakken en zo'n conflict te regelen. Een afvloeiingsregeling, een duur klinkend adviseurschap, een professoraat, de mogelijkheden zijn legio. In de politiek komt het vaker voor dat slecht functionerende bestuurders in circuits worden geschoven met veel wollig taalgebruik, en dikke rapporten die vervolgens niemand leest. Het is allemaal ritueel gedrag waarmee macht wordt overgedragen van de ene op de andere persoon, macht wordt ingeperkt of juist uitgeoefend.

MACHT ALS MODEL

Alhoewel de organisatie van macht veel modellen kent, is de uitoefening vaak persoons- of traditiegebonden. Zo is de secretaris van een communistische partij – en soms van een vereniging – de machtigste man. Een collega gaf daar de volgende uitleg aan: vergaderingen verlopen vaak chaotisch en eindigen dikwijls zonder dat iemand precies weet wat het besluit is dat genomen werd. Een prachtige kans voor de secretaris.

Het is merkwaardig dat in de bedrijfseconomie bij mijn weten zo weinig aandacht wordt geschonken aan de vorm die besluitprocessen nemen door de structuur van mensen, terwijl veel aandacht wordt besteed aan de analyse van structuur van organisaties.

Naar mijn gevoel moet het organisatiemodel voor een onderneming twee elementen bevatten: de noodzaak tot duidelijkheid en de mogelijkheid tot afstand. Ondernemingen zijn vechteenheden, en duidelijkheid van doelstelling, van besluitvorming en van executie is van belang voor het succes. Om tot die duidelijkheid te komen moet er een gezamenlijke geestelijke of emotionele samenbundeling van ideeën zijn ontstaan. Dit kan alleen indien die mensen die als eersten het idee hebben opgebracht – en het meestal ook moeten en willen uitvoeren de gelegenheid krijgen afstand te nemen tot hun eigen troetelkind. Alleen dan kan een goede informatie-uitwisseling plaatsvinden. Overleg in de arena van het stierengevecht lijkt me weinig doordacht, terwijl de 'toreador' onder te grote druk staat om te handelen en de vergadering geestelijk wel niet mee zal maken. Toch lijkt het alsof bij projecten de 'toreador' niet de vrijheid gelaten wordt om te denken, maar meteen in de fase raakt van het doen.

De duidelijkheid moet in de organisatie blijken uit wie uiteindelijk verantwoordelijk is voor wat. Dit kan in de besluitvormingsprocedure een groep mensen zijn – mits die dan ook een besluit neemt. In de (dagelijkse) uitvoeringsfase van het voor elkaar krijgen van de zaak moet maar één man of vrouw verantwoordelijk zijn. De hoofdlijnen kunnen en moeten open ter discussie staan in een groep van mensen, maar als de spijkers eenmaal geslagen moeten worden, dient er maar één de hamer vast te houden.

In de top van een bedrijf is de uitvoering en de raadgevingsfunctie geïnstitutionaliseerd: de directie als uitvoerders, de raad van commissarissen als adviseurs. In ons bestel is die raad van commissarissen gelukkig ook de uiteindelijke baas en heeft altijd één pet op met twee kleuren. Het grote voordeel van dit 'continentale/Duitse' systeem is dat het de helderheid en verantwoordelijkheid goed vastlegt.

De twee belangrijkste taken van de raad zijn de benoeming van de directie en het adviseren bij vraagstukken. In sommige gevallen – zoals bij SHV – is de uiteindelijke benoeming van directie én commissarissen een zaak van de aandeelhouders. Het is echter slecht denkbaar dat bij al deze benoemingen niet een soort consensus ontstaat. Het is de taak van de president-directeur om dit proces van overleg en afweging leiding te geven op een zodanige manier dat de methodiek tot een consensus van allen voert. Vanzelfsprekend is hier nauw overleg met de president-commissaris van groot belang, maar dat niet alleen.

De president-directeur dient ervoor te zorgen dat alle commissarissen reeds jarenlang in contact zijn gebracht met diegenen die aan de directie rapporteren, omdat daaruit immers de eerste keuze van het nieuwe directielid komt. Deze benoeming – en ook bij SHV verwacht de aandeelhouder een voordracht van de raad van commissarissen – behoort tot de belangrijkste beslissingen.

De adviesfunctie behelst allerlei zaken die voor de onderneming doorlopend van belang zijn. Om advies te kunnen geven moet men goed geïnformeerd zijn. Dit betekent dat informatie alle belangrijke zaken moet bevatten, dat ze 'up to date' moet zijn en dat ze eenvoudig moet worden gepresenteerd. Het ondersneeuwen van commissarissen is een zonde. Elk wezenlijk vraagstuk moet op één à twee pagina's samengevat zijn, alle informatie moet geheel open zijn, zonder dubbele bodem, leesbaar en begrijpelijk. Ze moet ten minste één weekend voor de vergadering in handen van de raad van commissarissen zijn. Dit alles is de verantwoordelijkheid van de president-directeur.

Het 'Amerikaans/Engelse' systeem van de organisatie van de top in één verantwoordelijke 'board' heeft nogal wat nadelen, vooral waar de voorzitter van die board tevens de chief executive (president-directeur) is, waarbij de leden van die board zowel directie (executives) als 'buitenstaanders' (non executives) zijn en de vraagstukken ingewikkeld. Dan ontstaat er een onoverzichtelijk landschap. Diegenen die leiding moeten geven aan het oplossen van vraagstukken – de executives –, hebben geen 'baas' die op afstand waakt over de gebeurtenissen, de analyses en de voorstellen. De non executives worden enigszins in die positie geschoven, maar hebben in wezen niet de separate taak die bij ons de raad van commissarissen wel heeft, noch de mogelijkheid als het nodig is als 'baas' afstand te nemen of op te treden.

De uiteindelijk grootste macht bij SHV ligt bij de aandeelhoudersvergadering. Zeker bij een besloten vennootschap heeft de aandeelhouder het gevoel eigenaar te zijn en wil er zeker van zijn dat zijn belangen goed worden behartigd. De macht van de aandeelhoudersvergadering is dan ook meteen rigoureus: het recht commissarissen en directie te benoemen en te ontslaan.

Ook hier geldt weer dat het niet om de formule macht gaat: als het ooit tot dergelijke rigoureuze stappen komt, is het conflict al onbeheerst en zal ontslag van de bestuurders schade veroorzaken. Het is mede de taak van de president-directeur bij spanningen in een zeer vroeg stadium tijd, oor en wijsheid ter beschikking te stellen om het kiemende conflict op te lossen. Dit is in het belang van alle partijen en vraagt derhalve veel tijd en wijsheid. De collega's van de president-directeur moeten wel op de hoogte worden gehouden, maar niet met die spanningen belast. Het is in ieders belang dat zij alle inzet blijven geven aan de dagelijkse leiding van het bedrijf.

Het lijkt ook verstandig om 'evenwichten' in te bouwen in de structuur rond de macht van een grote besloten vennootschap. Zoals gezegd dient volgens mij de meerderheid van het bestuur uit niet-familieleden (lees aandeelhouder) te bestaan. Bij SHV is de meerderheid van de aandelen, behorende tot onze familie, ondergebracht in één stichting. Het bestuur van deze stichting kent naast vijf familieleden twee 'buitenstaanders' van voortreffelijke kwaliteit. De aanwezigheid binnen de machtsstructuur van de vennootschap van een aantal hoog gekwalificeerde niet-familieleden schept afstandelijkheid, rust en geeft ruimte aan wijsheid ten koste van emoties. En zo moet het zijn.

Systemen en mensen: als het goed gaat denken we dat het aan de mensen ligt, als het slecht gaat aan het systeem. Daar zit waarheid in: goede mensen vormen bij een slechte structuur een eigen – informeel – systeem dat werkt.

Als echter de zaken in handen vallen van de advocaten en juristen omdat het systeem – informeel of formeel – niet werkt, wordt diezelfde structuur tot almacht verheven. Bij contracten is het net zoals bij statuten en wetgeving: hoe langer ze in de kast liggen hoe beter.

MACHT IS BEPERKT HOUDBAAR

If I could create a golden rule for people in power
it would be: 'out after a dozen years'.
(Auteur tegen Bain & Co., 1995)

De houdbaarheid van macht is beperkt. Opvallend genoeg denkt de bezitter van die macht daar zelf meestal heel anders over. Misschien is het wel een biologisch bepaald gegeven dat de leider koste wat kost blijft vasthouden aan zijn verworvenheden en blind is voor het wegebben van zijn invloed. Het voortdurend wisselen van de leider van de groep zou wel eens een rudiment kunnen zijn van het gevoel van lijfsbehoud dat we in al die duizenden jaren hebben opgebouwd voordat we in onze huidige en nog pas korte fase van rationalisatie zijn aanbeland.

Leiderschap dient regelmatig te wisselen om het voortbestaan van de groep veilig te stellen. Voordat een leider tekenen van zwakte begint te vertonen, dient een ander het over te nemen, want een verzwakte leider brengt het voortbestaan van de hele groep in gevaar. Om er zeker van te zijn dat de leider op de top van zijn kunnen zit, wordt hij voortdurend uitgedaagd en aangevallen. Het is een onafgebroken test.

In onze moderne samenleving is dat niet wezenlijk anders. Gevoelsmatig weet je of iemand zijn hoogtepunt gehad heeft. In een organisatie moet zo'n intuïtief proces een duidelijke structuur krijgen, zodat het gevoel ook werkelijk 'beleefd' kan worden. Dat is de zin van stemmingen, verkiezingen, procedures. Het brengt aan de oppervlakte wat in het onderbewuste al aanwezig is en geeft daar structuur aan. Het heel onbewuste gevoel dat een leider op een bepaald moment weg moet, krijgt op zo'n manier vorm. Dan gaat plotseling de omgeving de leider te lijf, terwijl die leider dan vindt dat zijn tijd nog lang niet gekomen is.

In de politiek zien we dat verschijnsel natuurlijk nog veel duidelijker dan in het bedrijfsleven. Charles de Gaulle, Margaret Thatcher, Ruud Lubbers... Ze hebben allemaal de neiging te lang te willen blijven. Als ze daarin door allerlei omstandigheden ook nog slagen, zie je leiders als een nachtkaars uitgaan. Wat gaat er dan concreet fout met een leider die net te lang blijft? Dat kun je veelal niet precies aangeven, het is meer een gevoel dan een redenering. Achteraf kun je dat misschien wel goed rationaliseren, maar op het moment zelf is het een gevoel, een instinct. In hun onderbewuste hebben mensen de beslissing dat iemand weg moet allang genomen. Ik denk dat het een van de vele processen is die zich in het onderbewuste afspeelt. Het volgen van je onderbewuste heeft de meeste kans op succes. Als je tegen dat gevoel ingaat, gaat het mis.

De domste boer verbouwt altijd de grootste
aardappels.
(Auteur tijdens de aandeelhoudersvergadering
van SHV in het recordjaar)

Hoe gaat een slimme baas met zijn macht om? Niet door schreeuwen en imponeergedrag, want dat stompt mensen af. Dat werkt misschien twee of drie dagen, en daarna doet zijn personeel oorkleppen op, ze horen hem niet meer schreeuwen en hij is zijn invloed kwijt. Een leidinggevende kan zijn macht beter uitbreiden door vooral niet te laten merken dat hij er gebruik van maakt. Door er zo mee om te gaan dat mensen niet het gevoel hebben dat hij ermee bezig is. Een leidinggevende die echt iets voor elkaar wil krijgen, trekt bijvoorbeeld een extern adviseur aan. Vervolgens zorgt hij ervoor dat die adviseur precies datgene voorstelt waar hij zelf ook al naartoe wilde. Dat is een vorm van slim macht uitoefenen, het blijft dan een instrument dat niet snel zijn scherpte verliest. Naarmate een baas slimmer is, groeit ongemerkt zijn macht.

Van alle soorten macht is de onzichtbare het effectiefst. Ik denk dat de meeste machthebbers hier veel fouten begaan. De meesten van hen scheppen er genoegen in hun macht zichtbaar voor iedereen tentoon te spreiden. Neem Margaret Thatcher. Ik denk dat ze niet door haar eigen partij ten val was gebracht, als ze haar eigen rol niet publiekelijk wat meer had gerelativeerd.

Niet haar uitspraken over het Verenigd Koninkrijk hebben haar de kop gekost, maar het vertoon van macht dat ze tentoonspreidde, niet alleen in de richting van haar tegenstrevers maar ook naar medewerkers en het Britse volk. Omdat ze zichzelf en haar rol niet kon relativeren is er een bepaald proces op gang gekomen.

Ergens in hun onderbewustzijn kregen de mensen een 'gut feeling' dat het nu wel lang genoeg had geduurd met mevrouw Thatcher. Ze was veel te duidelijk de exponent, het symbool, van de macht geworden.

17

Nieuwe taken voor een nieuwe overheid?

Do we – business managers, churchleaders, scientists, journalists, politicians and others – spend enough time 'not doing', in reflection and in thought?
(Auteur tijdens gezamenlijk met de Dalai Lama gehouden 'zondagsdienst')

Als ik vanuit mijn kamer in het hoofdkantoor aan de Rijnkade in Utrecht naar buiten kijk, dan ligt daar een heel druk kruispunt. Fietsers, voetgangers, auto's en bussen krioelen er de hele dag door elkaar, allemaal volgens het stramien van de verkeerslichten. Er gaat zelden iets mis. Maar als je goed naar die verkeersdrukte kijkt, valt iets merkwaardigs op: auto's, bussen en motoren luisteren heel braaf naar de wetten van de verkeerslichten, maar fietsers en voetgangers veel minder. De groep die het meest kwetsbaar is, lijkt zich het minste aan te trekken van de wetten die erop zijn gericht de zwakke weggebruiker tegen de sterke te beschermen. De weggebruikers die het beste tegen een stootje kunnen, letten daarentegen verreweg het beste op. Kennelijk is de drijfveer om voorzichtig te zijn groter, naarmate de kans op letsel voor een ander toeneemt. Verantwoordelijkheid schept verplichtingen. De kwetsbare weggebruikers zijn echter veel meer geneigd hun eigen plan te trekken, zelf beslissingen te nemen en hun risico's in te calculeren.

Er lijkt een samenhang te bestaan in de mate waarin mensen 'voor zichzelf moeten zorgen' en de mate waarin ze geneigd zijn initiatieven te nemen, op eigen kompas te varen, of anders gezegd, de mate waarin ze een vorm van 'eigen ondernemerschap' ontwikkelen. Interessant. Zouden overheidsambtenaren weleens uit het raam kijken?

Datzelfde verschijnsel – de neiging om op eigen kompas te varen als het eigen welzijn in het geding is – is ook terug te vinden in de manier waarop mensen omgaan met de sociale wetgeving. Vanuit een morele invalshoek is misbruik van de sociale wetten te verwerpen. Maar vanuit de ondernemersgeest gezien is het te prijzen dat er dagelijks niet tientallen, niet duizenden, maar honderdduizenden Nederlanders in staat blijken – en er niet voor terugdeinzen – de mazen in de wet te vinden waarmee ze hun voordeel kunnen doen. Moreel gezien is dat niet juist, maar praktisch gesproken zegt het iets positiefs over de ondernemersgeest van de Nederlander en de levendigheid van onze samenleving.

Politici hebben de neiging boos en teleurgesteld te reageren op dergelijke vormen van misbruik. Er wordt vaak gemopperd over afkalvend normbesef en dat soort zaken. Ik zie het eerder als een bewijs van het gebrek aan kwaliteit van de wetgeving. Er zijn immers samenlevingen waar misbruik van de sociale wetgeving veel moeilijker is dan in Nederland. Het zijn toch alleen de politici die dat verweten kan worden? Natuurlijk hebben bestuurders en politici het recht om het zogenaamde vervagende waardenpatroon van de gemiddelde Nederlander tegen het licht te houden, maar daarmee zijn we er niet.

Het totaal van kleuren van het schilderij der samenleving verandert wél, maar in een democratie eerder doordat andere kleuren aangebracht worden dan door het uitsmeren van één kleur. Een essentiële voorwaarde voor een doelmatige en functionele wetgeving is dat de samenleving die wetten ook werkelijk 'draagt', dat de mensen grosso modo een wet ervaren als redelijk. Op het moment dat er honderdduizenden mensen een beetje rommelen met uitkering of ziektewet, of belasting ontduiken door er zwart bij te werken, dan dient de wetgever zich af te vragen of er misschien iets mis is met de regels in plaats van met de mensen. Als we een wet beschouwen als een product dat moet aansluiten bij de eisen en behoeften van de samenleving, dan loopt het met dat product slecht af als die aansluiting er niet of onvoldoende is. Dat is niet verwijtbaar aan de samenleving, maar aan de bedenkers van de wet. Zouden politici zich wel realiseren dat de ondernemersgeest van de Nederlander zodanig is ontwikkeld dat elk gat in de wet wordt benut wanneer dat geld oplevert, tenzij de samenleving de wetten als goed en redelijk aanvaardt.

Wanneer we dit gegeven als uitgangspunt gebruiken voor het beoordelen van ons rechtsstelsel, dan is er in mijn ogen niet zozeer behoefte aan minder wetgeving – ofschoon dat natuurlijk ook –, maar vooral aan een ander soort regelgeving. Mensen die door het rode licht fietsen, hebben in wezen gelijk: ze schieten harder op en uiteindelijk brengen ze alleen zichzelf in gevaar, een risico dat ze kennelijk heel goed kunnen incalculeren, te oordelen aan het aantal keren dat het misgaat. De wetgever zou kunnen inspelen op een dergelijk – kennelijk groot – verantwoordelijkheidsbesef door alle overbodige stoplichten voor fietsers weg te halen en die alleen op de gevaarlijkste kruisingen nog te laten staan.

Maar zo gaat het nu niet. Er zijn overal regels voor die – daarom? – vaak massaal worden overtreden. Vrijwel elke fietser rijdt door het rode licht, de politie heeft wel wat beters te doen en treedt daar niet meer tegen op. Dan ontstaat er iets waar ik wel problemen mee heb: de wetgeving wordt aan de laars gelapt, en iedereen aanvaardt dat. Daarmee wordt een grens overschreden die vooral psychologisch belangrijk is, namelijk het uitgangspunt dat mensen verondersteld worden wetten te gehoorzamen. Wetgeving dient zowel uitvoerbaar te zijn als gedragen te worden door de samenleving. Als aan een van deze criteria niet wordt voldaan, zullen wetten nooit goed functioneren.

Dat is te zien aan bijvoorbeeld de oude wao-wetgeving, die zo wereldvreemd is dat de samenleving daar als goede ondernemer mee is omgesprongen. Werkgevers en werknemers hebben met deze wetgeving in het achterhoofd een ongeschreven monsterverbond gesloten zodat er nu, in een land met de beste gezondheidszorg ter wereld, meer mensen ziek thuiszitten dan elders in Europa. Ziekte en overspannenheid zijn nu eenmaal betere en gemakkelijker vormen van afvloeiing dan een gewone ontslagprocedure.

Nogmaals: dit is geen verwijt aan de betrokkenen, die immers niets anders doen dan zich ontpoppen tot handige ondernemers. Is de conclusie dat de wetgever geen wet kan bedenken die slimmer is dan zestien miljoen Nederlanders?

Vervelend genoeg schijnt de wetgever zich hiervan niet bewust te zijn. Die gaat maar door met het scheppen van regels die diep ingrijpen in een gewoon mensenleven. Die regels zijn ontstaan vanuit een bepaalde ideologie waarvoor ik weliswaar respect heb, maar in hun uitwerking en consequenties zijn ze zo wereldvreemd dat er niets van terechtkomt. Neem bijvoorbeeld de nieuwe wet ten aanzien van het allochtonenbeleid. Daar komt helemaal niets van terecht, en waarom niet? Omdat die absoluut geen rekening houdt met de drijfveren van een ondernemer. Ze gaat voorbij aan de wetmatigheden van de economie en aan de psychologie van mensen. De drijfveer van een ondernemer om iemand in dienst te nemen, is niet gestoeld op de vraag of iemands moeder of vader in Nigeria is geboren of niet. Een ondernemer zoekt iemand voor zijn bedrijf die de deskundigheid heeft die hij nodig heeft, tegen een prijs die hij kan en wil betalen. Als dit betekent dat hij een risico moet nemen door iemand aan te nemen die aan zijn kwalificaties voldoet maar niet de door de overheid voorgeschreven – buitenlandse – komaf heeft, dan zal die ondernemer dat risico in veel gevallen willen lopen. Zolang sommige allochtonen niet voldoen aan de eisen van een bedrijf, is er een spanningsveld dat aanzet tot het opsporen van mazen in een wet, van het zoeken naar alternatieven en sluiproutes die de overheid nooit voor ogen had toen de wet werd bedacht. Het ergste is nog dat de overheid schuldig is aan deze situatie. Want allochtonen willen over het algemeen best een vak leren of een opleiding volgen, en er is geen enkele reden om aan te nemen dat ze dat minder goed zouden kunnen dan autochtone Nederlanders.

Maar zo simpel is dat niet, want voor eenvoudige taalcursussen Nederlands hebben jarenlang wachtlijsten bestaan omdat de overheid te weinig geld beschikbaar heeft gesteld voor de inburgering van vreemdelingen. Voor zover ik weet is dat op dit moment nog steeds het geval. De conclusie moet zijn dat veel allochtonen nog een achterstand hebben omdat de overheid haar zaakjes niet voor elkaar heeft.

Onderwijs heeft gelukkig veel aandacht van elke overheid en is terecht de grootste kostenpost. Het is belangrijk dat onderwijs voortdurend vernieuwend en nieuw is, zolang de wereld om ons heen een 'revolutionair' veranderingspatroon vertoont. Je zou er wellicht moe van worden, maar flexibele structuren om uit de besten te halen wat eruit kan komen, is noodzakelijk voor de toekomst.

Een ondernemer kiest ervoor om de beste mensen binnen te halen die hij kan krijgen.

Nog een voorbeeld van de wereldvreemde opstelling van de overheid. SHV had onlangs een arts over de vloer die ons vertelde dat we volgens een nieuwe wet voortaan in de gaten dienen te houden hoe mensen zich voelen die regelmatig met beeldschermen werken. Een overheid zou zich helemaal niet met dergelijke dingen moeten willen bemoeien. Voor dat soort zaken hebben we immers een ondernemingsraad, zelfbewuste werknemers, vakbonden.

Als iemand ergens problemen mee heeft, zijn er voldoende kanalen om kritiek op de bestemde plek te deponeren. En als dat allemaal niet helpt, is de gang naar een krant of een praatprogramma op televisie toch vele malen korter en effectiever dan een briefje naar het verantwoordelijke overheidsorgaan? Van zo'n wet komt niets terecht, behalve alweer veel papier en kosten, omdat ten minste één betrokken partij – en vaak zelfs allebei – er helemaal niets in ziet/zien.

Ik zou er voorstander van zijn als de overheid zich beperkt tot een absoluut minimum aan maatregelen en beperkingen en de rest aan de samenleving en de maatschappelijke krachten overlaat. Maar ik vrees dat zo'n ommezwaai niet mogelijk is: er lopen in Den Haag veel mensen rond die geen belang hebben bij zo'n afgeslankt overheidsapparaat.

Als vergelijking is het daarom interessant eens over de grens te kijken. Overal in de wereld is zo'n vijftien tot twintig procent van de beroepsbevolking niet actief. Dat kan uiteenlopende oorzaken hebben: ziekte, analfabetisme, werkloosheid... In sommige ongelukkige landen zoals in Afrika ligt dat percentage nog hoger, maar in zijn algemeenheid gaat die twintig-tachtigverhouding aardig op. Opvallend genoeg is dat ook ver terug in de geschiedenis al het geval, voor zover we dat kunnen nagaan. We doen nu wel of het een hedendaags fenomeen is en elke dag staan de kranten erover vol, maar het kan best zijn dat het een vast onderdeel van de sociale structuur van de mensheid is: twintig procent van de beroepsbevolking wordt niet ingeschakeld in het arbeidsproces. Het is kennelijk nooit anders geweest en het zal nooit anders worden.

TWINTIG-TACHTIG

Maar zijn er wel landen te noemen waar het beter is geregeld dan in Nederland? Bij de vraag wat 'beter' is, moet het kernprobleem worden gedefinieerd en dat is: de betaalbaarheid van het stelsel. Nederland kan het huidige stelsel van voorzieningen niet meer betalen, het kost de samenleving zoveel geld dat we er onze concurrentiepositie door kwijtraken. We moeten op zoek naar iets wat veel minder kost en toch effectief is om deze twintig procent te laten overleven. In de Middeleeuwen gingen velen uit deze groep in het klooster. Die weg lijkt nu minder attractief.

Sommige mensen zijn erg enthousiast over een land als Japan. Dat heeft zijn zaakjes goed voor elkaar, hoor je weleens, want kijk: het werkloosheidspercentage bedraagt er slechts 3,5 procent. De waarheid is echter dat Japan niet een betere economie heeft, maar dat dit land anders omgaat met zijn 'twintig procent'. In Japan zijn nog enige miljoenen mensen werkzaam in de rijstbouw. Die teelt wordt gesubsidieerd door de overheid, die daarmee deze miljoenen Japanners aan het werk houden.

Als Japan zich echter volledig zou openstellen voor de wereldrijsthandel, dan zouden de werkloosheidscijfers direct sterk oplopen. Dat is de enige reden waarom de Japanners de open markt in rijst proberen te voorkomen.

Er zijn in Japan nog andere voorbeelden van arbeidsbescherming. Zo is er in heel dat land voor zover ik weet vrijwel geen pompstation met zelfbediening te vinden. Kennelijk bestaat er een – ongeschreven – afspraak van de overheid met de oliemaatschappijen dat de benzine een beetje duurder verkocht mag worden, mits de maatschappijen bij elk pompstation drie of vier mensen laat rondlopen die niets anders doen dan ramen wassen, olie verversen, benzine tanken en dat soort dingen. Dit soort baantjes bestaat in andere landen niet, of wordt hoogstens gedaan door scholieren die een zakcentje willen verdienen. In Japan staan ze te boek als volwaardige werkgelegenheid. Stap in een Japans hotel eens in de lift: daar staat vaak iemand te knipbuigen om je te bedanken dat je zo vriendelijk bent geweest juist deze lift te nemen. Betaald werk.

In wezen wijkt Japan met deze aanpak niet veel af van het communistische stelsel met zijn 'onbestaanbare werkloosheid'. Diep in mijn hart geef ik hun gelijk: het is belangrijker mensen te laten werken dan hun een uitkering te geven. Werken geeft naast inkomen ook sociale contacten en participatie in de samenleving. We zijn het slachtoffer van de slechte geur die 'tewerkstelling' voor de oorlog had. Het is mogelijk dat het daar echter ging om grote armoede. Tewerkstelling nu kan samengaan met goede uitkeringen.

Wat is er eigenlijk tegen werkverschaffing? Ontdaan van alle franje is de keuze in al haar naaktheid deze: wil ik op een benzinestation werken, de ramen wassen en daarvoor betaald krijgen, of zit ik liever met hetzelfde geld thuis op de bank met het gevoel dat ik nergens meer bij hoor? En, diezelfde vraag vanuit de overheid bezien: als mensen financieel ondersteund moeten worden omdat ze het op eigen kracht even niet redden, koppelen we dan die steun aan een plicht tot het verlenen van een tegendienst waaraan volgens de samenleving behoefte bestaat? Of verbieden we de betrokkenen vervolgens nog een hand uit te steken waarmee we hen stigmatiseren.

Vragen als deze worden nijpender op het moment dat een herijking van onze waarden actueel wordt, niet zozeer vanuit moreel perspectief maar om de eenvoudige reden dat het huidige stelsel niet meer te betalen is. Dat moment is aangebroken. Bij de herijking van ons sociaal stelsel staat het doel vast: het moet goedkoper, omdat de landen waarmee we economisch moeten concurreren, dat ook zijn.

Tegenstanders van zo'n herijking zeggen weleens dat de westerse landen zich niet naar de sociale stelsels van andere landen hoeven te richten omdat zij zich uiteindelijk zullen opwerken naar ons niveau van sociale zorg. Om de een of andere reden zijn veel mensen ervan overtuigd dat die landen – die nu nog vaak een stuk armer zijn dan wij – straks dezelfde eisen aan het bestaan zullen stellen als wij nu al doen. En dat ze daarom hetzelfde sociale stelsel zullen nastreven als het onze, met alle kosten van dien.

Daarvan hoeft echter geen sprake te zijn. Natuurlijk halen samenlevingen de scherpe kantjes van het bestaan als ze daartoe de middelen hebben. De 'inhaalmanoeuvre' gaat echter veel minder ver dan bij ons het geval is. De definitie van een 'goed leven' wordt overal elders anders ingevuld dan in het Westen. Dat komt in de eerste plaats doordat het begrip 'werk' een andere plaats inneemt, een andere cultuuringang heeft dan bij ons. En in de tweede plaats luidt het antwoord op de vraag wat de voorzieningen moeten zijn die voor iedereen beschikbaar behoren te zijn, in Aziatische landen anders dan in het Westen. Logisch misschien, maar in zijn concrete gevolgen heel verrassend.

In het Westen zien we werk veelal als een soort noodzakelijk kwaad, iets wat nu eenmaal nodig is om te kunnen leven. In Aziatische landen daarentegen vinden mensen werk een noodzakelijk onderdeel van een actief leven, of in elk geval veel belangrijker dan wij. Zes, zeven dagen per week werken is normaal, zestig uur gewoon.

Er zijn een heleboel landen – vooral in Azië en Zuid-Amerika – waar de economie jaarlijks reëel groeit met zes tot tien procent. Ook al hebben deze landen een betrekkelijk laag startpunt zodat die cijfers misschien enigszins flatteren, een dergelijke groei vergt een inspanning en een flexibiliteit die de westerse samenlevingen niet meer kunnen opbrengen.

Nu hoeven de westerse economieën ook niet meer zo hard te groeien omdat hier iedereen al een huis, een televisie en een auto heeft, dus een jaarlijkse stijging van één procent is al voldoende om ons huidige niveau te handhaven. Het grote probleem daarbij is echter dat de westerse economieën al heel veel voorschot hebben genomen op toekomstige prestaties. Een grote staatsschuld is in wezen niets anders dan vooruit grijpen; ze leidt bovendien tot een enorme (rente) lastendruk. Die druk, gecombineerd met periodieke recessies, kunnen onze economie wel eens in een neerwaartse spiraal doen belanden. Eén procent stijging is nog tot daar aan toe, maar twee procent daling is een ander verhaal. Het gaat op een bepaald moment pijn doen als in een periode van tien jaar tijd een samenleving bijna een kwart van haar welvaart moet inleveren.

We zijn geneigd om te denken dat zoiets ons niet kan overkomen maar het zijn reële ontwikkelingen die zich in veel Afrikaanse landen de laatste decennia sluipend hebben voltrokken. Dat brengt uiteindelijk geweldig grote maatschappelijke en politieke problemen met zich mee, zelfs tot het punt dat een samenleving totaal in chaos wordt ondergedompeld.

Dat tij is niet te keren door het eenvoudig verlagen van onze lonen of een loonstop of iets dergelijks. De verschillen in beloning zijn zo groot – soms met een factor tien voor hetzelfde werk – dat loonsverlaging niet voldoende zal zijn.

Er zullen ook maatregelen nodig zijn om de lastendruk voor ondernemers te beperken. Bovendien wordt het een prioriteit dat zoveel mensen als mogelijk in het arbeidsproces worden opgenomen. Landen als Thailand en China, Taiwan, Indonesië, de Filippijnen en Vietnam zullen de komende twintig jaar een dermate stormachtige groei kennen dat ze ons in snel tempo inhalen, zowel wat welvaart als inkomens betreft. Of dat uiteindelijk tot een nieuwe balans zal leiden, kan ik niet zeggen. Cultuurverschillen kunnen ons nog verrassen.

Het is duidelijk dat Aziatische landen niet op dezelfde manier zullen omgaan met hun relatieve welvaart als wij. In Tokio, Taiwan, Hongkong en Singapore zijn de netto-inkomens in een aantal arbeidscategorieën nu al vrijwel even hoog als in Europa. Niettemin blijven de mensen er zestig, zeventig uur per week werken. De drang tot minder werken en meer vrije tijd heeft zich nog niet gemanifesteerd. Of zou dat een typisch westers trekje zijn?

Bovendien is de bevolking geneigd genoegen te nemen met veel minder aantrekkelijke levensomstandigheden. Japanners hebben ondanks de welvaart van hun land en hun hoge salarissen levensomstandigheden die in onze ogen uiterst ongelukkig zijn, zoals de krappe en vreselijk dure woningen. Pas heel recentelijk heeft de overheid – en niet de werknemersorganisaties of de bedrijven – initiatieven genomen om grote bedragen te investeren in de verbetering van de infrastructuur. Dat zit vooralsnog allemaal in de sfeer van openbare werken. En over ouderschapsverlof, zwangerschapsverlof en dergelijke hoor je in Aziatische landen al helemaal niemand praten.

Dat wat wij 'de kwaliteit van het leven' noemen, is een betrekkelijk en rekbaar begrip, bepaald door de cultuur van onze plaats op aarde. De kwaliteit van het leven in Nederland is op zichzelf hoog maar wordt negatief beïnvloed doordat er te weinig agenten op straat lopen, de openbare ruimte vervuild is, de kleine criminaliteit voor een wijdverbreid gevoel van onveiligheid zorgt, en een onafzienbare stroom gekraakte auto's en gestolen fietsen. Objectieve maatstaven zijn moeilijk te vinden. Een samenleving gaat haar eigen gang. Onze zorg hoeft niet om het beste te gaan, maar veel eerder om de extremen.

DE MACHT VAN HET DORPSPLEIN

In het huidige stelsel vloeien grote geldstromen naar sectoren die veel geld kosten en weinig opleveren. Daardoor blijft er weinig geld over om elders iets op poten te zetten. Het doorbreken van dit patroon vergt een enorme ingreep in de samenleving, die, alleen al vanwege de omvang ervan, breed gedragen zal dienen te worden.

Het is maar de vraag of ons huidige politieke stelsel is ingericht op het aanpakken van dergelijke fundamentele kwesties. Het vergt geen helderziende blik om te voorspellen dat de samenleving alleen maar mondiger zal worden. Het aanvaarden van een soort centraal gezag is in onze Noord-Europese cultuur toch vooral ingegeven door de Kerk. De gedachte dat er hogere machten zijn die ons bestaan bestieren, verdwijnt snel. Mensen zijn meer dan voorheen geneigd en in staat voor zichzelf op te komen, ze hechten minder geloof aan centraal opgelegde toekomstperspectieven. Deze mondigheid heeft echter in het huidige bestel nauwelijks een stem, zeker niet direct. Als deze tendens zich voortzet, ontstaat er een vacuüm tussen de mondige burger en een beslissingsapparaat dat nog stamt uit vervlogen tijden, een vacuüm dat het gehalte van de democratie kan aantasten. Met moderne technologie echter is een model mogelijk naar Zwitsers voorbeeld, waarbij mensen zich direct en rechtstreeks kunnen uitlaten over concrete zaken. Een referendum over de belangrijke discussies in een maatschappij, gemodelleerd als een samenkomst op het dorpsplein maar dan met moderne middelen: een elektronische dorpspomp.

In een samenleving die wereldwijd aan het veranderen is, heeft de overheid de keuze uit twee fundamenteel andere modellen. In het eerste model bemoeit ze zich zo weinig mogelijk met de samenleving. Dit is het Zwitserse systeem. De overheid probeert zo weinig mogelijk te doen, de regering is niet het gehele jaar bijeen, laat de initiatieven over aan de burger en laat de bevolking over de belangrijkste zaken stemmen via een referendum.

De tweede optie is een regering die zeer besluitvaardig en flexibel inspeelt op de ontwikkelingen in de wereldwijde samenleving. Hier zijn slagkracht en een duidelijke politieke visie van belang, maar dat klinkt altijd mooier dan de uitvoering is.

De slagkracht van het huidige systeem wordt beperkt door de inrichting van onze parlementaire democratie. In de ons omringende landen (Engeland, Frankrijk, Duitsland, Italië) heeft de premier veel meer bevoegdheden dan onze minister-president. Wat te denken van een premier die zijn eigen ministers kan uitzoeken en wegsturen, een regering (en haar premier) die pas valt als tweederde van het parlement daarvoor kiest, een premier met een maximale regeerperiode van vijf jaar, zonder kans op herbenoeming. Zou een regering dan een beter beleid kunnen uitstippelen en uitvoeren?

NEDERLAND ONDERNEMERSLAND

Hoe zou dat beleid er vervolgens kunnen uitzien? Iedere onafhankelijke waarnemer kan vaststellen dat de politieke rol van Nederland op het wereldtoneel vrijwel is uitgespeeld. Zonder denigrerend te willen doen, kan worden vastgesteld dat 'Den Haag' politiek gezien een bijkantoor is geworden van 'Brussel': steeds meer beslissingen worden in Europees verband genomen. Nederland speelt daarin hoogstens een bijrolletje.

Sommigen zullen dat interpreteren als een verlies; het is ook op te vatten als het kwijtraken van ballast. Het betekent dat we ons volledig kunnen richten op datgene waarin Nederland vanouds heeft uitgeblonken: koopmanschap.

Als we concluderen dat Nederland een ondernemersland zou moeten zijn, blijven of worden, een heuse BV-Nederland, dan dient de overheid ook de omstandigheden te scheppen die ervoor nodig zijn om bedrijven en mensen zich hier thuis te laten voelen.

Een eerste voorwaarde lijkt me dan een klein maar zeer slagvaardig en capabel apparaat van overheidsambtenaren die goed worden betaald. Aan dat laatste schort het: ambtenaren worden nu onderbetaald. Daarom zitten de beste mensen niet bij de overheid maar bij het bedrijfsleven. Datzelfde geldt overigens voor ministers: de meest geschikte kandidaten weigeren zo'n functie omdat het baantje slechter betaalt dan in het bedrijfsleven. Het apparaat van ministers en ambtenaren zou een strategie voor het land moeten ontwikkelen waarbij doelmatigheid – en niet rechtvaardigheid – de boventoon voert. Veel wat doelmatig is, schept zijn eigen rechtvaardigheid. Denk maar eens aan het oplossen van files, eenvoudiger wetten, minder bemoeizucht, lagere belastingen enzovoort.

In een BV-Nederland waar werkgelegenheid en welvaart voorop staan, speelt het belastingklimaat een cruciale rol. Er is een samenhang tussen fiscaal klimaat, de hoeveelheid geld en energie die men geneigd is in ondernemingen te steken, en de uiteindelijke welvaart die dat oplevert.

Nederland had de afgelopen decennia een historisch gezien voortreffelijke cultuur ontwikkeld wat betreft het fiscale regime. Enerzijds was er een heel strenge wetgeving, maar aan de andere kant stonden daar de ambtenaren van het ministerie van Financiën en de belastinginspecties. Dat bleken praktische mensen te zijn die met praktische oplossingen kwamen. De wetgeving zelf bleef daarbij overigens in stand, commissies-Oort en dergelijke ten spijt.

Wat zich nu echter voordoet, is dat een nieuwe generatie van jonge inspecteurs en ambtenaren bij het ministerie van Financiën die bijbel plotseling streng gaat interpreteren. Er is een ware Streng Gereformeerde Geest artikel 13 ontstaan. Zulke bewegingen ontstaan historisch gezien van tijd tot tijd in ons land.

In plaats van een praktische en werkbare aanpak is er een heel strenge uitleg gekomen van de regels, veel strenger dan voorheen. Ook SHV plukt daar de zure vruchten van. In ons geval lagen er duidelijke schriftelijke afspraken die dateerden van 1982. Ruim tien jaar later zegt een nieuwe inspecteur plotseling: 'Ach, met die oude afspraken heb ik eigenlijk niks meer te maken.'

Die oude afspraken waren de resultaten van het gezamenlijk zoeken naar praktische en uitvoerbare afspraken voor ingewikkelde problemen. Een belastingregime dat naar beide kanten redelijk en goed uitvoerbaar is, voortgekomen uit een cultuur die de kerk in het dorp hield, omdat uiteindelijk toch iedereen in dat dorp moest kunnen leven. Dat gezamenlijk leven leverde gezamenlijk geproduceerde welvaart.

Dat is voorbij. Nu worden wij – en andere Nederlandse bedrijven en particulieren – geconfronteerd met een belastinginspectie die erop uit is de wet zo hard mogelijk te interpreteren. Die niet kijkt naar het landsbelang, maar naar het fiscale belang op zichzelf. Op het scherp van de snede krijgen bedrijven allerlei conflicten met de overheid die op initiatief van het ministerie via de rechter moeten worden uitgevochten. Iemand zei me onlangs: 'Het ministerie van Financiën is "procesgeil" geworden.' Daarmee is het paard achter de wagen gespannen. Te meer omdat het in deze tijd allang niet meer zo is dat iedereen in dat ene dorp moet blijven leven. Talloze bedrijven en personen hebben inmiddels hun koffers gepakt en zijn vertrokken. Vele miljarden Nederlandse guldens zijn naar het buitenland weggevloeid. Daarmee verdwijnen welvaart, economische activiteit en werkgelegenheid over de grens. En heus niet naar verre exotische oorden, maar naar België, Luxemburg, Duitsland, Frankrijk, Engeland en Ierland.

Nederland concurreert in het vrije Europa wat kosten en fiscale druk betreft onvoldoende. De succesvolle ondernemer zal deze zaken niet bevechten, maar zijn bakens buiten de landsgrenzen verzetten. Hij heeft daar betere kansen.

18

Met de BV – Nederland over de grens

Nothing ventured, nothing gained

De relatieve betekenis van Nederland in de wereld wordt
steeds kleiner. Een collega kreeg eens in China een land-
kaart, waarboven stond 'The World'. Daarop was Nederland helemaal niet meer te vinden!
De mondialisering van de economie, het wegvallen van
oude handelsbarrières en van maatschappelijke stelsels
zoals dat van de Sovjet-Unie die haaks stonden op vrij ondernemerschap, zijn daar grotendeels debet aan. Een
tweede belangrijk fenomeen in dit verband is het ontstaan van nieuwe politieke structuren zoals een Europese
Unie, waarin het buitenlandse en economische beleid van
alle lidstaten gezamenlijk en centraal wordt uitgestip-
peld. Door die bestuurlijke structuur wordt 'Den Haag'
in toenemende mate gedegradeerd tot een bijkantoor van
Europa, waar de wezenlijke besluitvorming niet meer
wordt gemaakt, maar nog slechts wordt uitgevoerd.
Daardoor is de rol van Nederland in de wereldpolitiek
volledig veranderd. Of liever gezegd: deze rol is erdoor
verdwenen. Zelfs de kwalificatie 'gemarginaliseerd' zou
nog te veel eer zijn.
Die ingrijpend gewijzigde politieke verhoudingen en
structuren maken een discussie noodzakelijk waarin de
toekomst van onze welvaart en de toekomst van de BV-

Nederland centraal staan. Hoe we dat binnenslands zouden kunnen aanpakken, is in het vorige hoofdstuk al aangestipt, hier gaat het om de vraag hoe de overheid de BV-Nederland in het buitenland zou kunnen vertegenwoordigen.

Als we ervan uitgaan dat de politieke rol van Nederland in het buitenland vrijwel is uitgespeeld, dan ligt het voor de hand om in de Nederlandse 'Buitenlandse Zaken' de politieke dimensie een veel minder bepalende rol te geven dan tot op heden het geval is. De enige rol die er voor Nederland over de grens nog toe doet, is een economische. Dit vraagt om een nieuwe strategie.

Een dergelijke ommezwaai vergt vooral psychologisch veel kracht. Immers, al in de zeventiende eeuw waren we een politieke en economische grootmacht, en zelfs nog tot aan de tweede helft van deze eeuw was Nederland niet alleen zeer welvarend maar hadden we, ook geografisch gezien, een grote politieke en economische invloed op een aanzienlijk deel van de wereld: onze koloniën. Na de Tweede Wereldoorlog is onze stem in het mondiale kapittel veel bescheidener geworden, onze invloed is in sneltreinvaart teruggelopen.

Welke sporen laat zo'n erfenis achter in de cultuur van de huidige samenleving? Zo'n geschiedenis heeft in mijn ogen veel invloed op het land en de bevolking. Hetzelfde verschijnsel heeft zich nog veel duidelijker en schrijnender voorgedaan in Groot-Brittannië. De Britten stonden ongeveer een eeuw geleden op hun hoogtepunt van macht en welvaart. Sindsdien is hun horizon alleen maar gekrompen, het wereldrijk is afgebrokkeld. Dat is op zijn beurt gepaard gegaan met grote maatschappelijke veranderingen.

In een groot koloniaal rijk als het Britse gaan de grootste talenten naar die plaatsen in de maatschappij waar ze zich het beste kunnen ontplooien, waar ze een maximum aan macht en invloed kunnen verwerven. In Groot-Brittannië waren die sectoren te vinden in de organisatie van het staatsbestel, het ministerie van Buitenlandse Zaken, het politieke bestuur van de koloniën. De meest getalenteerden worden in zo'n samenleving geen kolenboer maar politicus of overheidsambtenaar, bestuurder. Een kolenboer staat in de pikorde van die samenleving immers lang niet zo hoog als iemand in het openbaar bestuur, die bijvoorbeeld naar India gaat om daar mee te helpen bij het uitdelen van de lakens. In dat grote Victoriaanse rijk waren mensen die dat konden – de lakens uitdelen – heel nuttig.

Vanuit deze achtergrond is het heel begrijpelijk dat Engeland het na de Tweede Wereldoorlog zo ontzettend moeilijk heeft gehad. Van oudsher zijn Britten prima bestuurders, uitstekende militairen, maar minder goede ondernemers. Daar zitten immers van oudsher niet de meest getalenteerden. In een wereldrijk dat strekt van Australië tot Maleisië en India zijn bestuurlijke en militaire functies enorm belangrijk, maar aan dergelijke mensen is veel minder behoefte in een land dat in een Europese samenwerking moet functioneren, vrijwel alle grote koloniën is kwijtgeraakt en economisch gezien is aangewezen op zichzelf.

Het duurt kennelijk een paar generaties voordat de innerlijke cultuur van een land zich een slag draait in de richting van de eisen die in de nieuwe samenleving worden gesteld. In deze tijd heeft Engeland minder behoefte aan militairen, en nog minder aan koloniale bestuurders. Wel aan ondernemers: die zijn er nog steeds veel te weinig.

Dergelijke aanpassingsproblemen doen zich tot op zekere hoogte ook voor in de Nederlandse samenleving, al zijn onze problemen geringer. In de Nederlandse koloniale cultuur heeft vanaf het prille begin veel meer de nadruk gelegen op ondernemen en veel minder op het introduceren van een openbaar bestuur dan bij de Engelsen. Bij het koloniseren van gebieden stond de vraag of we er zaken konden doen en handel konden drijven, centraal. De vraag of we er onze ondernemerslust konden botvieren, was belangrijk, het andere was daaraan ondergeschikt. Om die reden hebben Hollandse ontdekkingsreizigers Australië weliswaar ontdekt maar niet gekoloniseerd. Dat lieten ze over aan de Britten, die er hun openbaar bestuur konden vestigen en die kans niet lieten lopen.

Nederlanders waren altijd al goede ondernemers en dat zijn we nog steeds. Het aantal multinationale bedrijven dat Nederland binnen de landsgrenzen heeft, is buiten proporties hoog. Vanuit mondiaal perspectief gezien is dat een uniek verschijnsel. Het is een duidelijk signaal van onze culturele kracht: we worden niet voor niets al eeuwenlang 'de Chinezen van Europa' genoemd. Waar die Hollandse cultuur vandaan komt, weet ik niet. Waarschijnlijk zit het 'm in het feit dat we 'aan zee liggen', waardoor we altijd wat meer de uitvaarder, de ontdekker zijn, dan een thuisblijver. Tel daarbij op dat we gedurende honderden jaren een koopmansnatie pur sang zijn geweest.

Merkwaardig genoeg is van die cultuur op overheidsniveau nauwelijks iets te merken. Het ministerie van Buitenlandse Zaken zou eigenlijk een culturele draai moeten maken. Gedurende honderdvijftig jaar zijn de structuren van dit ministerie gefundeerd geweest op de omstandigheid dat Nederland op wereldschaal politiek iets in de melk te brokkelen had. Nu dat niet meer zo is, kan alleen een drastische cultuuromslag ervoor zorgen dat het ministerie een nieuwe doelstelling vindt en voor zichzelf een nieuwe missie uitstippelt. Dat is een zeer ingrijpende operatie. Veelal kunnen de betrokken politici, diplomaten en ambtenaren het slecht accepteren. Het lijkt wel of ze persoonlijk worden geraakt als een onderwerp als dit ter sprake komt. Ze hebben het moeilijk met zichzelf omdat de interne cultuur er eentje is van de grote internationale politiek, terwijl Nederland daar momenteel geen enkele rol van betekenis meer in speelt.

Het ministerie van Buitenlandse Zaken heeft niet alleen problemen met de wereld om zich heen maar ook met zijn eigen wereld. Dit ministerie heeft zich niet kunnen toe-eigenen wat het vanaf het begin had moeten hebben: de poot van Ontwikkelingssamenwerking. Dat is nu een apart ministerie. Het zou toch nauw verbonden dienen te zijn met ons algehele buitenlandse beleid? Bovendien is Ontwikkelingssamenwerking een instrument waarmee ons buitenlandse beleid deels vorm gegeven kan worden.

De technologische ontwikkelingen van het laatste decennium hebben de communicatie en daarmee de informerende rol van het ministerie en zijn buitenlandse ambassades in een geheel ander daglicht gezet. Een ambassadeur op de Filippijnen kon vroeger nog weleens een rapport schrijven over de actuele ontwikkelingen in dat land en dat naar Den Haag sturen. De ambassadeur en zijn staf zullen daarbij het gevoel hebben gehad dat ze nuttig werk deden, evenals de stafleden van het ministerie in Den Haag, die al die rapporten doorworstelden en moesten bespreken met elkaar, de minister, de schrijver van het rapport enzovoort. Nu kunnen de mensen van Buitenlandse Zaken alles al weten van ontwikkelingen in een land voordat de ambassadeur zijn telefoon heeft kunnen grijpen, omdat CNN er aandacht aan schenkt. De informatieve rol van de diplomatieke dienst is daarmee vrijwel verdwenen. Wat resteert, is de informatie die niet in kranten verschijnt of op de televisie te zien is, en vooral het onderhouden van informele contacten in zijn standplaats. Op dat vlak is nog wel een rol weggelegd voor een ambassadeur.

Maar waarom hebben we in 's hemelsnaam nog ambassadeurs die zich nog voornamelijk bezighouden met politiek? De verhoudingen tussen Nederland en andere landen worden niet door politieke ontwikkelingen bepaald, maar door economische relaties en wat de bevolkingen van beide landen van elkaar vinden.

Het nut van ambassades oude stijl is ten onder gegaan aan de telefoon, fax, computernetwerken en mondiale televisie. Er moet een nieuwe rol worden ontwikkeld.

SUPERMINISTERIE?

Als uit bovenstaande argumenten één conclusie getrokken kan worden, dan is het wel dat er behoefte is aan een nieuwe richtinggeving aan de BV-Nederland, wellicht via een superministerie dat heel gericht gaat werken aan de behartiging van de economische belangen van de BV-Nederland over de grens. Dat vergt niet alleen een reorganisatie van de vaderlandse ministeries maar ook van de ambassades in het buitenland.

Als die gedachte ook in Nederland wortel schiet en consequent wordt uitgevoerd, vloeit daaruit logisch voort dat de ministeries van Economische Zaken, het ministerie van Ontwikkelingssamenwerking en het ministerie van Buitenlandse Zaken samengevoegd dienen te worden tot een nieuw superministerie. De betreffende minister zou 'automatisch' de vice-minister-president moeten zijn.

Allereerst is het nodig om het niveau van de ambassades drastisch op te krikken. Er is nog veel diplomatiek personeel van het oude stempel dat niet berekend is op deze nieuwe taken en waarvan het niveau te laag is. Daarnaast is het nodig om de voortdurende bezuinigingen op de buitenlandse diensten, die leiden tot een gevoel van defaitisme, om te buigen in een stroom nieuwe investeringen in de buitenlandse diensten. De vraag moet zijn: wat hebben we op ambassades in den vreemde nodig om de Nederlandse bedrijven aldaar optimaal van dienst te kunnen zijn? Die investering zal beslist lonend zijn, want als iedere Nederlandse ondernemer ervan doordrongen zou zijn dat er op die ambassades voortreffelijk opgeleide mensen zitten die de weg weten in de plaatselijke bureaucratie en het land goed kennen, dan zou dat een geweldige steun in de rug zijn voor de Nederlandse welvaart.

Als een bedrijf aanklopt bij de ambassade in – bijvoorbeeld – Maleisië, de Filippijnen of China, dan dient de plaatselijke ambassade mensen te hebben die voortreffelijk op de hoogte zijn van de statistieken, die weten waar de bestuurlijke, politieke, maatschappelijke en economische ingangen zijn, die de weg op de lokale ministeries weten te vinden, die weten hoe het vergunningenbeleid in elkaar zit, die weten wat een bedrijf moet doen of laten, die een bedrijf kunnen adviseren over welk advocatenkantoor voor een bepaalde kwestie het beste ingeschakeld kan worden, die een nieuwe ondernemer ter plekke in contact kan brengen met collega-ondernemers die al ervaring hebben opgedaan. Een ambassade kortom, die zich volledig richt op de BV-Nederland, in plaats van een diplomatieke dienst die zich vooral bezighoudt met de politieke zaken.

Op dit ogenblik heeft een aantal ambassades gelukkig belangstelling voor dit nieuwe takenpakket. Het overgrote deel moet er niets van hebben. Ook op het ministerie van Buitenlandse Zaken vindt men zich over het algemeen te goed voor het bedrijfsleven en ondernemingen in het buitenland. Dat rekenen de meesten niet tot hun takenpakket, het lijkt wel of ze dat beneden hun waardigheid vinden. Gelukkig is er desondanks een klein aantal ambassadeurs dat op eigen gezag en vaak zelfs zonder medeweten of instemming van het ministerie in Den Haag oog heeft voor de belangen van het Nederlandse bedrijfsleven ter plaatse.

Rechtstreeks contact met de ambassade levert vaak de beste resultaten op. Uit die hoek horen we weleens zeggen – soms zelfs letterlijk –: 'Natuurlijk probeer ik dat voor u te regelen, laat ze in Den Haag maar barsten.' Een actieve ambassadeur kan voor een Nederlands bedrijf ter plekke van geweldig veel belang zijn.

Nederland zou met een nieuwe aanpak een aardige voorsprong kunnen opbouwen omdat landen als Engeland, Duitsland, Frankrijk en de Verenigde Staten zichzelf nog duidelijk als politieke zwaargewichten willen blijven zien. Dat heeft als gevolg dat deze landen moeten meedoen aan allerlei politieke 'culturen'. Wij hoeven dat niet, dus zouden we die ballast kunnen laten vallen zonder dat er vervelende dingen gebeuren. Als de bv-Nederland haar internationale politieke activiteiten op een laag pitje zet, dan komt er geld en ruimte vrij om andere dingen te doen die voor ons land van veel groter belang kunnen zijn.

Het is allemaal eenvoudig bedacht en gemakkelijk gezegd. De wet van de traagheid heerst in alle organisatorische eenheden, overheid en bedrijf, en alle verandering is moeilijk. Als iemand veranderingen wil aanbrengen, zijn er meestal méér mensen te vinden die niet willen dan die wél willen. Ook revoluties worden door minderheden gemaakt.

Drie voorwaarden voor elke wezenlijke verandering zijn nodig: een plan, een man en een ramp. Zo bouwden we de Afsluitdijk, en zo zullen we onze overheid moeten ombouwen.

Spannend zal het wel worden: het sluipende vertrek uit Nederland van geld en talent en straks afnemende welvaart moet serieus genomen worden. Het wordt interessant om te zien wie dan wat gaat doen – en hoe groot de ramp zal moeten zijn om veranderingen teweeg te brengen. De inrichting van ons huidige staatsbestel is ouder dan de oudste Nederlander. Zou een fikse discussie over veranderingen die moeten voeren tot kwaliteitsverbetering van mensen en systemen niet op zijn plaats zijn?

19

De kwadratuur van de cirkel

ETHIEK EN WERELDWIJD ZAKENDOEN

In de praktijk is ethiek een kwestie van
pijnlijke keuzes en dilemma's.

Cultuurverschillen worden pas echt duidelijk merkbaar als ze tegenover elkaar staan, als onderdelen van culturen elkaar uitsluiten. Dat is bijvoorbeeld het geval bij het verschijnsel smeergeld. Bij SHV hebben we een duidelijke afspraak dat onze eigen medewerkers niet met smeergeld werken om een procedure te versoepelen of ons verblijf ergens aangenamer te maken. Dat past niet in onze calvinistische cultuur, daar trekken we de streep.

In Europa is de scheidslijn tussen culturen waarin smeergeld wel of niet een wijdverspreid onderdeel is van de samenleving, te trekken langs de grens waar olijfbomen groeien. Waar olijfbomen groeien is naast de olijfolie ook de handpalmolie een wezenlijk onderdeel van het dagelijkse bestaan.

In dergelijke warme landen heersen heel andere opvattingen over de manier waarop een samenleving in elkaar zit dan in landen die daar te koud of te noordelijk voor zijn. Noordelijke landen streven over het algemeen naar een tot in detail geordende samenleving, waarin de regels die de ordening moeten bewerkstelligen, voor iedereen gelden. Dat universalistische uitgangspunt tref je in warmere, zuidelijke landen minder aan. De maatschappelijke ordening wordt daar veel meer gestuurd door individuele opvattingen. De wet dient er als richtlijn, niet als gebod. Zoiets als de tien geboden: het is mooi als het kan, maar het kan niet altijd.

Een strenge levensopvatting zal wel iets te maken hebben met binnenshuis leven. De gestrengheid van Calvijn werkt kennelijk het beste in een compacte samenleving, waarin de mensen in een klein, geïsoleerd en hecht verband leven en waarvan controle een wezenlijk onderdeel kan uitmaken.

De leer van Calvijn is misschien wel niet vol te houden als je tien maanden van het jaar op straat leeft. Een mens kan dan veel meer oncontroleerbare en onverwachte contacten met anderen hebben, ook buiten de eigen kleine leefgemeenschap om; met 'andersdenkenden'.

In Zwitserland, Engeland, Scandinavië, Nederland en Duitsland zijn de opvattingen over handpalmolie daarom in de generaties wellicht anders ontwikkeld dan in Frankrijk, Spanje, Italië. De Verenigde Staten zijn duidelijk in twee stukken verdeeld: het noorden en het zuiden. Het maakt uit of je zaken doet in Michigan of in Miami, waarbij de invloed van de Italiaanse cultuur zich via een film als *The Godfather* heeft laten schetsen.

In zowel politieke als economische stelsels is de tegenstelling tussen koud en warm dermate groot dat er voortdurend wrijvingspunten zijn. Ook in de Europese Unie zie je die kloof, die volgens mij de komende jaren alleen maar beter zichtbaar zal worden. Dit baart zorgen, juist omdat in de Europese Unie steeds meer en belangrijker beslissingen genomen zullen worden. De landen waar je zonder handpalmolie nergens komt, zijn even goed vertegenwoordigd in dergelijke internationale instanties als wij, en hun stem telt even zwaar als de onze. Het is een wezenlijk verschillende manier van maatschappelijke ordening die duidelijker aan het licht komt naarmate de Europese samenwerking hechter wordt. Ook in een bedrijf als het onze kan het verzoenen van die tegenstelling een uiterst moeizame operatie zijn.

NEDERLAND ALS ZENDELING?

There is nothing either good or bad,
But thinking makes it so.
(William Shakespeare)

Bij SHV werken mensen uit de olijfbomencultuur broederlijk samen met werknemers uit de noordelijke cultuur. Daarnaast werken we in tientallen landen over de wereld waar over heel veel zaken verschillend gedacht wordt. Dat was voor mij de belangrijkste reden om de corporate philosophy, de bedrijfsfilosofie, te schrijven. Ik kreeg namelijk hoe langer hoe meer het gevoel dat, met al die wisselende culturen en opvattingen over wat recht en wat krom is, over wat we wel en niet willen, wat belangrijk is, hoe we met elkaar om willen gaan, de SHV'ers over de hele wereld iets moesten hebben waar ze zichzelf en elkaar hopelijk in konden terugvinden.

Daarbij moet je natuurlijk oppassen dat je de Noord-Nederlandse cultuur niet als een soort moderne zendeling in de rest van de wereld gaat prediken. Anderzijds dienden we ons te realiseren dat ons hoofdkantoor in een land staat waar heel duidelijke ethische normen en gedragingen gelden. Dat heeft ook consequenties voor de manier van zakendoen buiten dat land, of je dat wilt of niet.

Wrijvingen, botsingen zijn onvermijdelijk, je gaat op zoek naar een oplossing die zowel het een als het ander recht probeert te doen. Het is het zoeken naar de kwadratuur van de cirkel. Maar gelukkig staan we hierin niet alleen: we hebben overal zakelijke partners die ons bij de hand nemen als het gaat om de vraag wat in een bepaald land wel of niet tot de normaliteiten behoort. Soms komen we er niet uit en dan moet een ieder de eigen verantwoordelijkheid bepalen, waarbij wij als 'vreemdeling' op moeten passen niet 'zendeling' te worden. Bij oprechte meningsverschillen heeft de waarheid twee hoofden.

In onze samenleving is het moeilijk voorstelbaar dat er landen zijn waar handpalmolie op het dagelijkse menu staat, waar corruptie in alle geledingen van de samenleving is doorgedrongen. Op de een of andere manier zijn we geneigd te denken dat dit vroeg of laat tot het verleden zal behoren, dat onze manier van doen vroeg of laat zal zegevieren over corruptie. Ik betwijfel dat. Wij geloven gretig dat in Italië iedereen diep in zijn hart de corruptie beu is, dat er een grote stroming in de samenleving bestaat die er een einde aan wil maken en degenen ten val willen brengen die er zich schuldig aan maken.

Hoe begrijpelijk ook, ik denk dat die gedachte niet juist is. De eenvoudige reden waarom de corruptie in Italië nu wordt aangepakt, is het simpele feit dat het systeem niet meer werkte. Het land verkeert in een politieke crisis, de werkloosheid is hoog, het openbaar vervoer functioneert slecht, mensen krijgen hun pensioen niet meer uitbetaald, stakingen vieren hoogtij. Alleen daarom is nu de strijd tegen corruptie ontbrand.

Van oprechte, ethische verontwaardiging is nauwelijks sprake. Praat er maar eens over met Italianen: niemand heeft het over goed of slecht in ethische zin. De verontwaardiging gaat over de constatering dat de samenleving niet goed functioneert, ofschoon er smeergeld wordt betaald, vriendendiensten worden verricht, de ene hand de andere waste.

In grote delen van de wereld gaat corruptie ongestraft,

namelijk overal waar het redelijk werkt. Neem bijvoorbeeld Japan: een zeer corrupt land, wat niet anders kan met een politieke partij die decennia achtereen aan de macht is gebleven. De corruptie is daar diep binnengedrongen, de samenleving ademt een enorme verwevenheid van politieke, financiële en economische belangen. Maar het systeem werkte, het ging goed met Japan, er gebeurde niets. Toen de economie echter in een neerwaartse spiraal terechtkwam, duurde het niet lang voordat de eerste stemmen opgingen tegen corrupte politici. Sindsdien zijn verscheidene leidende politici afgetreden, en is de politieke partij die sinds de invoering van de parlementaire democratie aan het roer heeft gestaan, in de oppositie gedrongen. Als iedere Japanner echter het gevoel had gehad dat het wel redelijk ging, en dat hij er beter van zou kunnen worden, dan was het normen-en-waardenpatroon geaccepteerd gebleven.

Ik denk dat de morele overtuiging dat corruptie niet mag, uitsluitend terug is te vinden in dat kleine deel van de wereld waar het calvinisme een voedingsbodem heeft gehad. Overal elders – en dat is het overgrote deel van de wereldbol – gaat het anders, ook nu nog.

BEZUIDEN DE RIVIEREN

De cultuurverschillen over bedrijfsvoering worden al groter als je in Nederland de grote rivieren oversteekt. Bezuiden de Maas is het 'anders' zaken doen, zonder dat er direct sprake hoeft te zijn van dingen die niet door de beugel kunnen. Het wordt daar bijvoorbeeld al veel belangrijker dan in het noorden om de burgemeester en de wethouder goed te kennen.

Het dilemma voor een bedrijf als SHV is daarom dat we enerzijds erg ons best doen op te gaan in de cultuur van het land waar we opereren – een proces waarbij we niet zonder de hulp kunnen van onze lokale partners –, maar dat we anderzijds in deze sfeer geen dingen willen doen die niet door de Noord-Europese, calvinistische beugel kunnen. Vaststaat dat het allemaal conflictueuze zaken zijn waar geen schoonheidsprijs voor te verkrijgen is.

Er zijn veel landen ter wereld waar ze helemaal niets snappen van zo'n strikte benadering. Latijns-Amerika, zuidelijk Europa, heel Azië, overal zijn aparte praktijken strijk en zet.

Wat een partner regelt binnen zijn eigen cultuur en zijn eigen opvattingen over wat kan en niet kan, om iets voor elkaar te krijgen of een probleem op te lossen, dat is natuurlijk de weerslag van het waarden-en-normenpatroon van de samenleving waar die partner in werkt. We hebben juist partners om ons in een bepaalde cultuur de weg te wijzen.

shv probeert om toch aan de eigen waarden en normen vast te houden, niet zozeer omdat wij ons op een hoger voetstuk willen zetten, maar omdat anders puur zakelijk de greep op eigen mensen en de heldere verslaggeving wordt vertroebeld.

Het zou wel heel erg wereldvreemd zijn om hier met de hand op het hart te beweren dat er nooit ergens ter wereld door een shv'er iets gebeurd is wat volgens onze Noord-Europese normen niet door de beugel kan. Met meer dan honderd bedrijven in meer dan twintig landen en met ruim 55.000 werknemers is zo'n claim eenvoudig niet hard te maken. Maar we willen het niet.

Daar is overigens, naast een morele, ook een heel praktische reden voor. Mensen zoals wij, die niet in zo'n olijfoliecultuur zijn opgegroeid, doen dat altijd verkeerd. Ze zouden te veel geld uitgeven aan de verkeerde personen, te weinig aan degenen om wie het draait, of ze betrekken

er mensen bij die er helemaal niets mee te maken hebben,
dat soort dingen.

Overigens is het goed nog even stil te staan bij de verleiding. Inkopers zijn van groot belang voor producenten.
Als de fabriek een moeilijke tijd heeft, wordt nogal eens
gedacht aan 'verborgen geschenken' om de inkoper vriendelijk te stemmen.

Een waar gebeurd voorbeeld uit onze praktijk kan dit
illustreren. SHV heeft in een bepaalde stad in de wereld,
die ongenoemd kan blijven, al een jaar of anderhalf groot
gedonder met het gemeentebestuur. We zijn er eindeloos
mee aan het stoeien geweest en pas heel onlangs kreeg ik
de werkelijke reden van onze problemen te horen.

Ongeveer twee jaar geleden heeft die gemeente ons bedrijf benaderd en gezegd dat ze een cadeau van twee vuilniswagens zeer op prijs zou stellen. Het antwoord van
onze directeur was duidelijk. 'Twee vuilniswagens cadeau? Dat staat niet in ons boekje, dat kunnen we niet
doen, dat mag niet.'

Het stadsbestuur reageerde toen met de vaststelling:
Jullie werken hier al jaren met veel succes in onze gemeente en nu hebben jullie niet eens twee vuilnisauto's
over voor de bevestiging en bestendiging van dat succes?
Dan stellen jullie het kennelijk niet op prijs om hier te
kunnen werken...'

Het is maar hoe je het bekijkt. Onze manager zegt:
steekpenningen, daar doen we niet aan. De gemeente
zegt: jullie doen het erg goed in onze stad, verdienen hier
veel geld, waarom geven jullie ons die twee vuilniswagens
niet die we zo goed kunnen gebruiken? Voor beide uitgangspunten is wel iets te zeggen. Vanuit onze cultuur
zeggen we 'nee' tegen vuilnisauto's, maar vanuit hun cultuur zeggen ze: dat vinden wij hoogst onbetamelijk.

Nog een anekdote. In een bepaald land, ver bezuiden de Maas, hadden we voor de opening van een bedrijf nog een vergunning nodig. Toen we daar achteraan gingen, bleek die vergunning helemaal niet te bestaan. Dat was handig voor de ambtenaren: ze konden het probleem met een beetje handpalmolie eenvoudig uit de wereld helpen. We weigerden en kregen vervolgens te horen dat het bedrijf niet van start kon. We bleven weigeren. De partner kwam op het lumineuze idee een lokale minister te vragen het bedrijf officieel te openen. De truc werkte: de minister zegde toe, de datum werd vastgesteld. De opening verliep vlekkeloos, de ambtenaren van de niet-bestaande vergunning keken lelijk op hun neus. Maar wij ook, even later. Namens dezelfde minister die onze opening had verricht, werd op de televisie meegedeeld dat ons bedrijf een flink bedrag beschikbaar had gesteld voor een zeer goed doel. Natuurlijk wisten we nergens van, en moesten beleefd betalen. De minister werd in de media geprezen dat hij ons had 'overgehaald' dit bedrag te betalen.

Opvattingen over wat kan en niet kan, wat corruptie is en wat oirbaar, is niet alleen aan plaats gebonden, maar ook aan tijd. Bepaalde dingen worden in bepaalde tijden in bepaalde samenlevingen wel aanvaard en in andere niet. Ook binnen onze West-Europese cultuur is in amper honderd jaar veel veranderd. Zo was vroeger het kopen van stemmen door politici volkomen geaccepteerd, ook in Nederland. Dat was bekend, er kraaide geen haan naar. Tegenwoordig is het kopen van stemmen in sommige delen van de wereld nog volkomen geaccepteerd, in andere delen minder, en op bepaalde plaatsen volstrekt taboe. Dat laatste is bij ons het geval, in Japan mag het nog een beetje.

Anno nu echter is het wel volkomen geaccepteerd dat politici stemmen winnen door beloften te doen die ze vervolgens helemaal niet nakomen. Dat is een bekend en geaccepteerd verschijnsel. Iedereen beklaagt er zich over, maar de algemene opvatting is dat het nou eenmaal bij de politiek hoort dat politici hun beloften niet nakomen.

Het zou best eens zo kunnen zijn dat politici zich iets dergelijks over een eeuw helemaal niet meer kunnen permitteren. Stel je voor wat er dan gebeurt: partijprogramma's en politieke uitspraken worden uitgeplozen en gekwantificeerd in de computer opgeslagen. Als dan blijkt dat politici mensen hebben 'gekocht', stemmen hebben binnengehaald dankzij toezeggingen die ze niet zijn nagekomen, gaan ze de gevangenis in.

Op het misleiden van mensen staat straf, ook als dat gebeurt in de politiek. Ik kan me goed voorstellen dat het ooit minstens even strafbaar wordt om bewust te misleiden als het nu al is om tegen iemand te zeggen: hier heb ik voor u vijftig gulden als u mij machtigt uw stem uit te brengen.

Een ander scenario is echter ook mogelijk. Noord-Europa wordt in de wereld voortdurend van minder belang. Zou het zo zijn dat in de komende eeuw het waardenpatroon van het overgrote deel van de wereld zó sterk is dat het ook dat van ons wordt, of we willen of niet?

Een kernvraag is of handpalmolie ten langen leste goed of juist minder goed is voor de economie. Dit is een veel besproken onderwerp waarop ik geen eenduidig antwoord heb. Mijn vermoeden is dat smeergeld op korte termijn de dingen eenvoudiger maakt maar op de langere termijn nadelig is voor de economie omdat het inefficiency onbestraft laat. Openlijke concurrentie vergt veel meer van een bedrijf dan handjeklap. Een economie die is gebaseerd op het marktmechanisme van vraag en aanbod, is harder en uiteindelijk efficiënter. Steekpenningen verstoren de meest efficiënte verdeling van goederen en kapitaal.

Ik denk dat een samenleving en een economie die het zonder steekpenningen kunnen stellen, gezonder en efficiënter zijn. Uiteindelijk vertaalt zich dat allemaal in een zo gunstig mogelijke verhouding van kwaliteit en prijs van de aangeboden goederen, producten zowel als diensten. Dat is de leer, maar zoals bij zoveel zaken is de praktijk anders.

Normen en waarden zijn altijd onderhevig aan veranderingen. Aan het eind van de twintigste eeuw worden we bovendien geconfronteerd met een wereldwijde cultuur van consumptiedrang, die bijna gevoelens van een 'geloof' oproepen.

Dit fenomeen zal met vallen en opstaan zijn eigen grenzen moeten leren vinden: aan dat wat mag, dat wat kan en dat wat moet.

20

De SHV-bedrijfsfilosofie

EEN AANZET TOT GEDACHTE EN GEDRAG

We proberen vragen te stellen en weer vragen te
stellen, want immers voor iedere mens in deze wereld
geldt: als God het antwoord is, wat is dan de vraag?
(Auteur in 'zondagspreek', Protestantenbond, 1992)

Een van onze mensen vroeg me ooit of het niet eens tijd werd een handleiding op te stellen met alle 'do's and don'ts' voor het opzetten van een nieuwe vestiging in een nieuw land. Een soort 'stappenplan' van dingen om te doen en om te vermijden leek de vragensteller heel nuttig. Mijn antwoord was misschien erg voorspelbaar maar daarom niet minder waar: elk land heeft zijn eigen cultuur en prioriteiten, kleur, problemen en perikelen. Een standaardhandleiding maakt het uitzicht op de werkelijkheid kleiner voor degenen die in de dagelijkse praktijk van een specifieke cultuur een bedrijf moeten opstarten. Bovendien zijn telefoon en fax altijd binnen handbereik, en een gesprek is altijd beter dan een papieren voorschrift.

Daarnaast is het aan te bevelen een praatje te maken met collega's die een dergelijk proces al eens hebben doorgemaakt en in een nieuw land een onderneming hebben opgestart. Een handleiding gaat een eigen – dwingend – leven leiden. In een handleiding schuilt bovendien het gevaar dat degenen die het lef hebben ervan af te wijken, daar op aangekeken worden vooral als het misgaat natuurlijk. Een vragenlijst is beter dan een instructieboek.

Dus waarom bij shv steeds opnieuw het wiel uitvinden? Omdat het telkens opnieuw een ander wiel dient te zijn, gevormd naar een bepaald landschap. Ik onderken het nut van handleidingen: hoe groter de invloed van technische processen op de activiteiten, hoe preciezer en noodzakelijker een handboek zal zijn. Maar naarmate de macht en het gedrag van mensen belangrijker worden bij het slagen van een onderneming, is een handboek minder gewenst of noodzakelijk.

Sommige dingen schrijven we dwingend voor vanuit het hoofdkantoor: de opzet van de administratie en de controle, de externe accountant en de kwaliteitsbewaking. Het vraagt heel wat van een mens: opleiding en training vergen vele jaren. Daarnaast is de inbedding in de cultuur van een internationaal bedrijf moeilijker te bewerkstelligen naarmate de onderneming grotere delen van de wereldbol bestrijkt, decentraal functioneert en verhoudingsgewijs veel met lokaal management werkt.

De bedrijfsfilosofie van shv bestond eigenlijk allang voordat ik haar na dagenlang wandelen in de bergen van Schotland opschreef. Het stuk is nu vertaald in een twintigtal talen en in duizenden exemplaren gedrukt. Gelukkig wordt de bedrijfsfilosofie door vrijwel niemand gezien als een ijzeren handleiding. De toonzetting is er niet naar. Het is veeleer een aanzet tot gedachte en gedrag. In elke specifieke culturele omgeving – en die is in Argentinië anders dan in Polen of China – zal de interpretatie, de 'uitkomst', anders zijn. Waar het om gaat is dat de filosofie het gesprek stimuleert en een bijdrage levert aan het onderzoeken, formuleren en vasthouden van waarden in het bedrijf. Niet de uitkomst, vooral de dialoog is van belang. Door die dialoog kunnen mensen in een werkgemeenschap elkaar vinden, van hoog tot laag.

DE BEDRIJFSFILOSOFIE VAN SHV

Voor SHV en haar bedrijfsonderdelen zijn de integriteit
en loyaliteit van haar managers de belangrijkste instrumenten. Integriteit betekent een volledige openheid in de
communicatie over alle zaken die het bedrijf aangaan.
Goed nieuws mag langzaam gaan, maar slecht nieuws
dient snel te reizen. Loyaliteit betekent dat je het beste
van jezelf steekt in je werk voor het bedrijf en zijn ontwikkeling. Het hoofdkantoor in Utrecht communiceert
met zijn bedrijfsonderdelen op basis van integriteit en
loyaliteit. Managers 'in het veld' hebben daar het volste
recht op. SHV is een gedecentraliseerde onderneming.
Deze decentralisatie biedt uitstekende en ongebruikelijke
kansen op individuele ontwikkeling. Wederzijds vertrouwen staat aan de basis van plezier in het werk, iets waarvan zowel de werknemer als SHV zal profiteren.

STRATEGIE:
– investeer in groei in de volgende eeuw;
– mik op marktaandeel of 'niche';
– investeer in mensen;
– geef sturing aan verandering.

METHODE:
– zoek naar het ongewone;
– motiveer mensen;
– luister, leer en reageer;
– houd de zaken eenvoudig.

INVESTEER IN GROEI IN DE VOLGENDE EEUW

SHV is een particuliere onderneming en wil dat graag blijven. Aandeelhouders zijn niet uit op opgepoetste kwar-

186

taal- en jaarcijfers. Zij hebben de risico's geaccepteerd
van nieuwe missies in nieuwe landen ten koste van korte-
termijnwinsten. Tegen de eeuwwisseling dient SHV een
nog sterkere onderneming te zijn met hoofdactiviteiten
op een grotere schaal.

MIK OP MARKTAANDEEL OF 'NICHE'

We hobbelen niet mee met algemene trends en mode. We
zullen onszelf als sterke deelnemers manifesteren op ons
eigen marktterrein of zoeken naar ongewone markten.
Het volgen van populaire investeringstrends levert slechts
eendagsvliegen op.

INVESTEER IN MENSEN

SHV produceert niet een wereldwijd bekend merk. We
handelen in wereldmerken, in handelsartikelen, in energie. Succes is daarom het gevolg van onze mensen, niet
van onze producten. Investeren in mensen betekent:
– vertrouw je mensen en laat ze dat weten;
– geef je mensen verantwoordelijkheid;
– train je (jonge) personeel;
– laat werknemers delen in de winst;
– stimuleer creativiteit.

Het is van groot belang mensen niet de schuld te geven.
We maken allemaal fouten. Iemand ergens de schuld van
geven is negatief zijn. Als integriteit en loyaliteit onom-
streden zijn, kan een fout het begin zijn van iets beter
doen.
  De president van SHV eist het monopolie op van alle
fouten die in het bedrijf worden gemaakt. Hiermede ver-
valt de schuldvraag. Energie kan gestoken worden in het
oplossen van het probleem en niet in het 'zwartepieten'.

Alles om ons heen verandert voortdurend. Wees er niet blind of doof voor, en raak niet in paniek. Verandering schept nieuwe kansen. Analyseer verandering, bespreek haar met anderen, evalueer en houd eigen gedachten tegen het licht. Zie verandering als de zuurstof voor uw bedrijf en geef er leiding aan met begrip en wijsheid.

ZOEK NAAR HET ONGEWONE

Het ongewone is interessant, het gewone is daarentegen saai en verveelt snel. Een saaie onderneming kan opwindend worden als ze op een ongewone manier wordt geleid. Het ongebruikelijke appelleert aan onze intelligentie en onze scheppende geest.

Op alle managementniveaus dienen onze mensen gestimuleerd te worden om naar het ongebruikelijke te zoeken en te bezien in hoeverre het hun bedrijfsvoering kan helpen. Dit is een essentiële voorwaarde voor succes. Het ongewone kan juist datgene zijn wat onze concurrenten over het hoofd zien.

MOTIVEER MENSEN

Motiveer mensen door het goede voorbeeld te geven. We geloven in de goede wil van onze mensen om hun uiterste best te doen voor het bedrijf. We dienen onze mensen te motiveren door met hen de grondslag van de bedrijfsfilosofie van SHV te bespreken.

We dienen mensen te belonen voor hun werk, hen verantwoordelijk te maken, hun vertrouwen te geven. We zullen 'eigen' mensen promotie laten maken zoveel als maar mogelijk is. We zullen het aantal bestuurslagen en

188

de bureaucratie tot een minimum beperken. We zullen glimlachen.

LUISTER, LEER EN REAGEER

Niemand weet alles, we weten allemaal een beetje. Door te luisteren naar andermans ideeën en gedachten, verbreden we onze eigen horizon. Luisteren en dan pas spreken is leren. De verstandige man of vrouw zal profiteren van de kennis van anderen. Na luisteren en leren dienen we te besluiten om te reageren. We moeten nooit vergeten dat niets doen ook een beslissing is. Je mag wel twijfelen, maar niet aarzelen.

HOUD DE ZAKEN EENVOUDIG

Eenvoud heeft een verhelderende schoonheid. Alleen in schijn is het leven ingewikkeld. De formaliteiten en bureaucratie eromheen zijn ingewikkeld, een goede zaak is dat nooit. Keuzes en beslissingen kunnen soms moeilijk zijn, maar niet ingewikkeld. Zet je gedachten over elk willekeurig onderwerp op een enkel vel papier – dat verheldert de geest. Als een zeer ingewikkeld vraagstuk echt wordt beheerst, is het eenvoudig geworden.

SHV'S BEDRIJFSFILOSOFIE

Uitgaande van de integriteit en loyaliteit van onze mensen willen we blijven groeien, zowel ten bate van onze aandeelhouders en werknemers als voor het welzijn van de maatschappij waarin we leven en werken.

Epiloog

Waar gaat het eigenlijk om?

Niets serieus dus, behalve food for thought.
(Schrijver in directievergadering over grote
reorganisatie, 1994)

Een onderneming dient in een permanente interne revolutie te zijn, maar ook vast te houden aan een constant patroon van waarden.

Ondernemen draait niet meer om producten of systemen maar om mensen die de producten moeten maken in door mensen gevormde systemen. Van allerlei rassen, uit verschillende landen, met opvattingen die bewegen op de golven van de wereldopinie, van de interpretatie van hun geschiedenis en van religie.

Met vallen en opstaan gaat de ondernemer aan de slag: altijd met andere mensen, nooit alleen; met leveranciers en klanten, met medewerkers, bazen en ondergeschikten. Het gaat om de relatie tussen mensen, om de bindende krachten die de ondernemer kan oproepen, om motivatie, durf, integriteit, vertrouwen en geluk.

Ondernemen is werken in de wereld van morgen. De inschatting van die wereld zal bepalend zijn voor het succes van het bedrijf.

Er zijn twee bewegingen aan het eind van de twintigste eeuw in gang gezet die ondernemingen en samenlevingen sterk beïnvloeden: informatie en individualisatie. De eerste voert tot producten en informatie die op wereldschaal te verkrijgen zijn, de verCocaColisering van onze planeet. De tweede is kennis, ontstaan uit goede opleiding voor massa's mensen. Dit vraagt om een andere aanpak dan vroeger. Wie wat weet, wil zelf wat.

Dit alles vindt plaats in een wereld waar het dienen van de mens voor de gemeenschap, de ideologie van het communisme, de basisgedachte van het christendom, plaatsmaakt voor de 'bv ik vooruit'. Dit schept kansen omdat deze ontwikkeling – mits behoed voor extremen – voor een ondernemer goed werkterrein is en het vraagt om wijsheid.

Flexibiliteit van aanpak is nodig: wat gisteren goed was, werkt morgen niet meer, terwijl het overmorgen ook weer anders moet. Er kan geen andere sleutel tot succes voor de ondernemer zijn dan – met vallen en opstaan en tegen alle teleurstelling in – het bedrijf te richten op zelfstandige mensen met een eigen inbreng. De mens staat centraal, niet de productie.

Enfin, velen denken dat ons leven uitsluitend nog beheerst wordt door de techniek. Maar ik denk dan: een bad moet sneller vollopen dan leeg. We weten het, maar hoe krijg je het voor elkaar?

P.S. Did you get your timing right?